文物之光

毛主席率领红军攻克漳州纪念馆 文物精品图录

郑爱清 主编

海峡出版发行集团
THE STRAITS PUBLISHING & DISTRIBUTING GROUP

海峡文艺出版社
Haixia Literature & Art Publishing House

图书在版编目(CIP)数据

文物之光/郑爱清主编. —福州:海峡文艺出版社,2020.8
ISBN 978-7-5550-2303-6

Ⅰ.①文… Ⅱ.①郑… Ⅲ.①革命文物－福建－图集 Ⅳ.①K871.62

中国版本图书馆 CIP 数据核字(2020)第 123801 号

文物之光

郑爱清　主编

责任编辑　何　莉
出版发行　海峡文艺出版社
经　　销　福建新华发行(集团)有限责任公司
社　　址　福州市东水路 76 号 14 层　　邮编　350001
发 行 部　0591－87536797
印　　刷　厦门市竞成印刷有限公司　　邮编　361009
地　　址　厦门市湖里区后坑前社 37 号
开　　本　889 毫米×1194 毫米　1/16
字　　数　150 千字
印　　张　8.25　　　　　　　　　　　插页　30
版　　次　2020 年 8 月第 1 版
印　　次　2020 年 8 月第 1 次印刷
书　　号　ISBN 978-7-5550-2303-6
定　　价　158.00 元

如发现印装质量问题,请寄承印厂调换

编委会

目 录 CONTENT

导　语

　　毛主席率领红军攻克漳州纪念馆，又称"芝山红楼"，位于漳州市芗城区胜利西路 118 号的市委机关大院内。纪念馆占地 704 平方米，有七个展室，布有红军攻克漳州图、表、文告和人物肖像、遗址照片及毛主席当年的工作生活用品，向人们宣传、展示 1932 年在毛主席的率领下中央红军攻克漳州的革命历史，是一座旧址类革命纪念馆。

　　1932 年 4 月 20 日，中国工农红军东路军攻克漳州后，毛泽东同志将芝山红楼作为工作室，多次召开师长以上干部和地方党组织的领导人会议并做出重要决定。1957 年 8 月，经福建省人民委员会批准，"芝山红楼"更名为"闽南革命文史馆"；1971 年又更名为"毛主席率领红军攻克漳州纪念馆"；1985 年被福建省人民政府公布为第二批福建省文物保护单位。1992 年，为纪念中国工农红军东路军攻克漳州六十周年，"芝山红楼"的左前侧立了一座纪念碑，由原东路军政委聂荣臻元帅题写碑名："中国工农红军东路军攻克漳州纪念碑"。2005 年，该纪念馆被列为"全国首批百家红色旅游经典景区"之一，是福建省青少年革命传统教育基地、福建省爱国主义教育基地、福建省国防教育基地。2006 年，该纪念馆被国务院核定为第六批全国重点文物保护单位（含政府大院 2、3、6 号楼）。

　　本书收录了毛主席率领红军攻克漳州纪念馆中各类重要的历史文物图，通过四个重要时期——五四运动与国民革命时期、土地革命战争时期、抗日战争时期、解放战争时期，详细展示了这些重要文物的图片、说明及历史故事，有报刊、传单、徽章、武器等，让读者在阅读的同时，真实地了解漳州的红色文化，体会革命过程的艰辛和建设中国特色社会主义事业的艰巨性，从而更好地激发读者牢记历史，热爱祖国，秉承革命先辈不怕牺牲、艰苦朴素的精神，为实现中华民族伟大复兴的中国梦而顽强奋斗。

第一章

五四运动与国民革命时期

马克思主义在漳州地区传播较早。1919年，漳州作为闽南护法区的中心，开设新闽学书局，出售马克思、恩格斯等革命导师的著作；创办《闽星报》，介绍马克思主义学说，传播新思想，积极响应五四爱国运动。当时，漳州被誉为"闽南的俄罗斯"和"中国革命青年和中国社会主义者的朝圣地"。

　　1921年中国共产党成立，从此革命面貌焕然一新。大革命时期，中国共产党就在漳州地区建立了地方组织；1926年12月，中共漳州支部成立，书记翁振华；1927年1月，中共闽南特委（部委）在漳州成立，书记罗明。在国共合作的历史背景下，漳州人民为北伐战争的胜利做出了重要贡献。

1924 年 5 月 1 日
岩声报社《岩声月刊》第九期

具体年代 第一次国内革命战争时期（1924 年 5 月 1 日）

文物类别 文件、宣传品

质　　地 纸质

具体尺寸 纵 25.10cm，横 17.40cm

质　　量 0.037kg

完残程度 基本完整

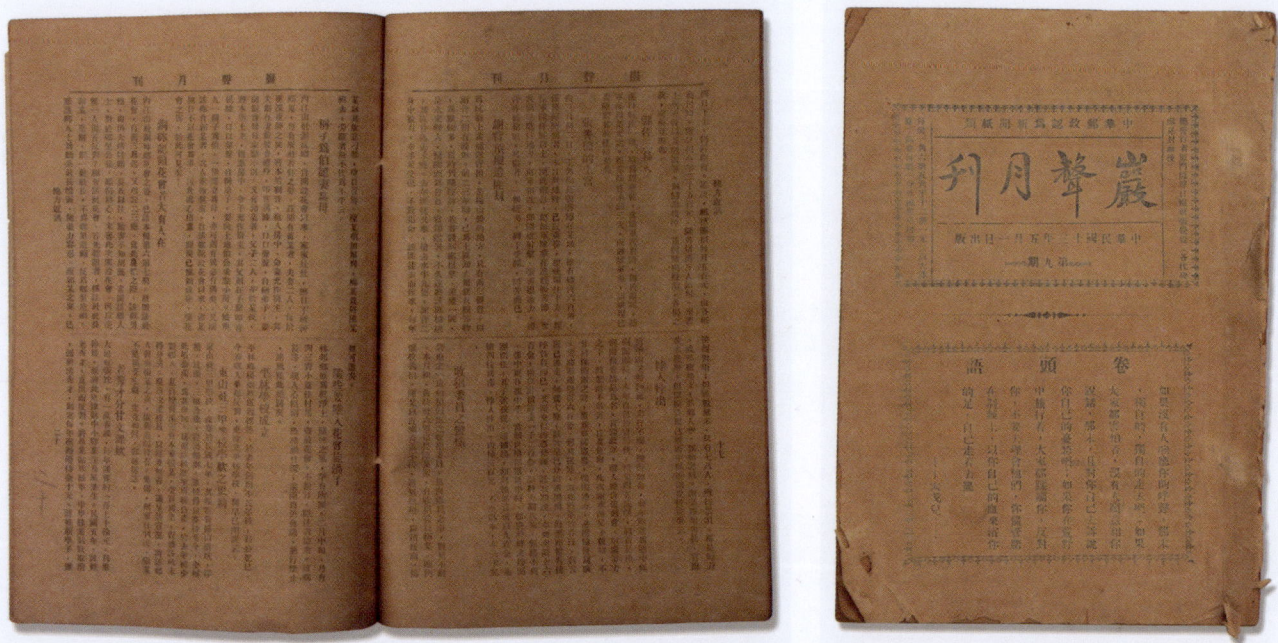

1924 年 5 月 1 日岩声报社《岩声月刊》第九期

《岩声月刊》第九期，1925 年 5 月 1 日出版，系长方形、白报纸、双面铅印，封面封底连同正文共计 40 页，有"论坛""国内要闻""兵灾""地方近讯""教育""问题与研究""小说""诗"等栏目，是邓子恢、陈明等早年创办的进步报刊。

1925 年 11 月
《中国共产党告农民书》

具体年代	第一次国内革命战争时期（1925 年 11 月）
文物类别	文件、宣传品
质　　地	纸质
具体尺寸	纵 13.20cm，横 9.60cm
质　　量	0.006kg
完残程度	基本完整

1925 年 11 月《中国共产党告农民书》

　　《中国共产党告农民书》于 1925 年 11 月印行，系长方形、毛边纸、双面铅印，封面封底为红色，封面封底连同正文共计 18 页。该书对士农工商四个阶级进行界定，着重分析农民所受的压迫及中国共产党所主张的农民最低限度的要求等内容，是研究中国共产党早期农民革命的重要历史资料。

1925 年 11 月 25 日
中国共产主义青年团广东区委员会
《告青年工人书》小册子

具体年代 第一次国内革命战争时期（1925 年 11 月 25 日）

文物类别 文件、宣传品

质　　地 纸质

具体尺寸 纵 12.80cm，横 9.60cm

质　　量 0.004kg

完残程度 基本完整

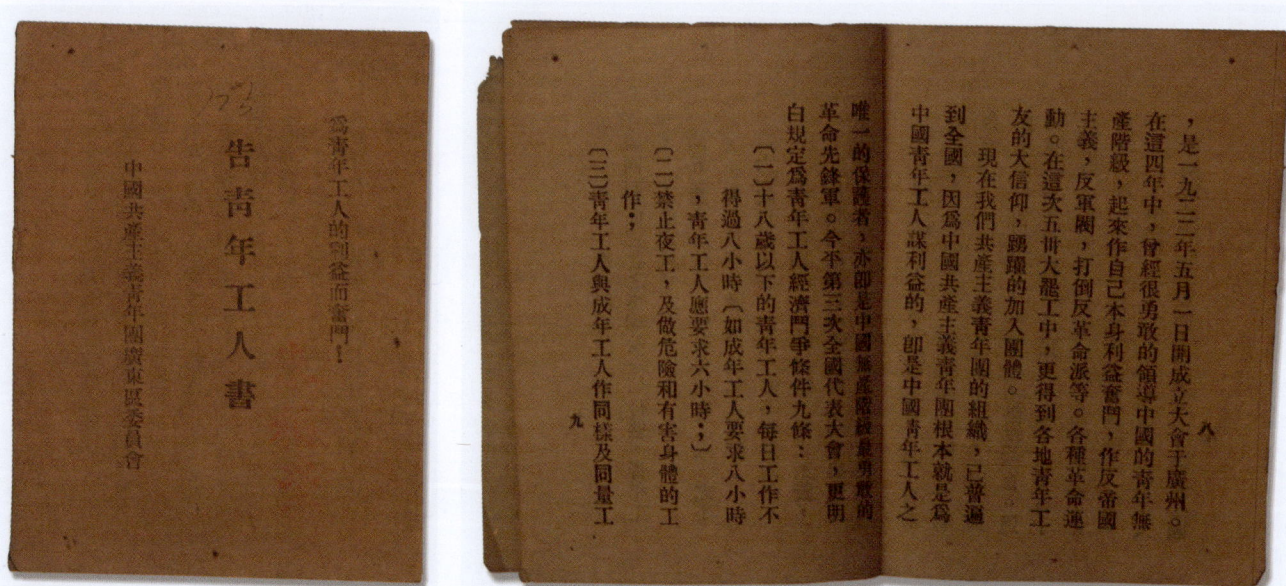

1925 年 11 月 25 日中国共产主义青年团广东区委员会《告青年工人书》小册子

　　《告青年工人书》，1925 年 11 月 25 日由中国共产主义青年团广东区委员会印，系长方形、毛边纸、双面铅印，封面封底连同正文共计 14 页。该书简述资本主义的罪恶、中国共产主义青年团的责任以及第三次全国代表大会明确规定的青年工人经济斗争的九个条件等内容，着重阐述中国共产党早期青年工人运动的观点。

1926 年中央农民部福建汀漳办事处
《农民协会会员须知》传单

具体年代 第一次国内革命战争时期（1926 年）

文物类别 文件、宣传品

质　　地 纸质

具体尺寸 纵 27.00cm，横 31.00cm

质　　量 0.005kg

完残程度 残缺

1926 年中央农民部福建汀漳办事处《农民协会会员须知》传单

第一次国内革命战争时期国民革命军宣传漫画

具体年代 第一次国内革命战争时期（1926 年）

文物类别 文件、宣传品

质　　地 布质

具体尺寸 纵 18.20cm，横 25.90cm

质　　量 0.004kg

完残程度 残缺

　　第一次革命战争时期，北伐军宣传品。

第一次国内革命战争时期国民革命军印布宣传漫画

第二章

土地革命战争时期

（1927.8-1937.7）

1927 年 12 月，中共福建临时省委在漳州成立，第一次统一了党对福建革命斗争的领导。平和县与广东的饶平、大埔接壤，受大革命的影响较深，党和群众的基础都比较好。党的"八七"会议精神传达以后，平和成立了临时县委。1928 年 3 月 8 日晨，中共平和县委书记、暴动总指挥朱积垒率领平和、永定、大埔、饶平四县 1000 余人的暴动队伍，攻陷县城之后，砸开监狱，救出被捕代表、农友和南昌起义军伤病员，焚烧县署和牢房，没收土豪劣绅的财产分给贫苦农民。此次暴动，发出"土地革命在福建开始"的信号，提高了各地工农革命的情绪，引导福建工农走上暴动的道路。此后，地方党组织发动群众展开游击战争，与赣南、闽西的中央苏区遥相呼应。

　　1932 年初，毛泽东审时度势，提出红军应"直下漳泉"的意见，在时任苏区中央局书记周恩来的大力支持下，中央军委和苏区中央局决定，由毛泽东同志以中华苏维埃共和国临时中央政府主席的身份，率领红军东路军攻打漳州。4 月，中国工农红军东路军挥戈东进，英勇奋战，横扫顽敌，攻占龙岩，19 日与国民党军队鏖战天宝，20 日顺利进驻漳州城，随后兵分各地，宣传抗日，发动群众，壮大革命武装，鲜红的战旗飘扬在闽南大地。4 月 27 日，中共闽南工农革命委员会成立，王占春任主席。5 月，闽南红军游击队编成中国工农红军闽南独立第三团，冯翼飞任团长，王占春任政委。

　　1934 年秋，漳州芗潮剧社在国民党统治区，以话剧为武器，开展抗日救亡斗争。接着，中共闽粤边特委在平和县邦寮正式成立，带领红军游击队在闽粤边区坚持艰苦卓绝的游击战争，有力地配合了中央红军长征。闽粤边革命根据地成为三年游击战争时期南方 8 省 15 块重要的战略支点和最巩固的革命根据地之一。

平和暴动时使用的武器

平和暴动时农民协会使用的铜铃

具体年代 第二次国内革命战争时期（1928 年）
文物类别 铜器
质　　地 铜，木
具体尺寸 通高 23.70cm，下口直径 11.20cm
质　　量 0.531kg
完残程度 基本完整

平和暴动时农民协会使用的铜铃

平和暴动时使用的方锥形矛

具体年代 第二次国内革命战争时期（1928 年）
文物类别 武器
质　　地 铁
具体尺寸 通长 22.20cm，直径 2.30cm
质　　量 0.125kg
完残程度 基本完整

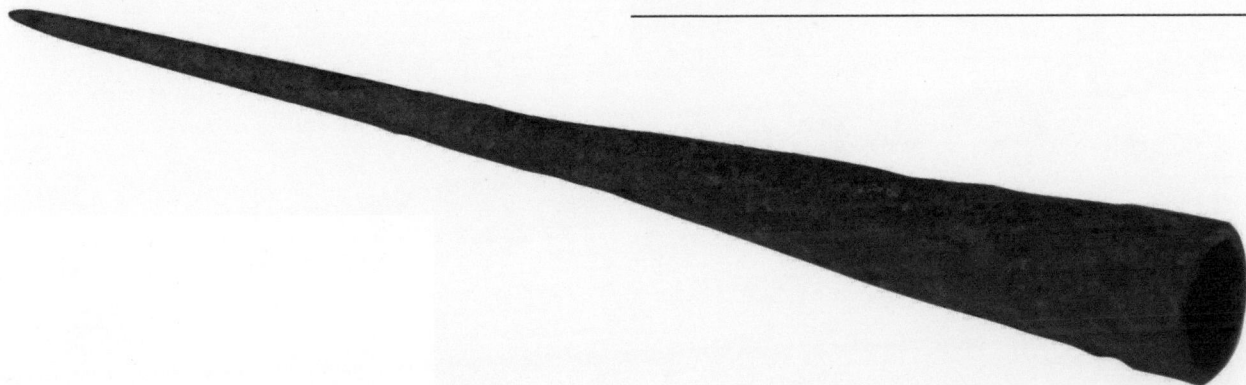

平和暴动时使用的方锥形矛

平和暴动时使用的飞刀

具体年代 第二次国内革命战争时期（1928 年）
文物类别 武器
质　　地 铁
具体尺寸 通长 23.30cm，通宽 4.66cm
质　　量 0.104kg
完残程度 基本完整

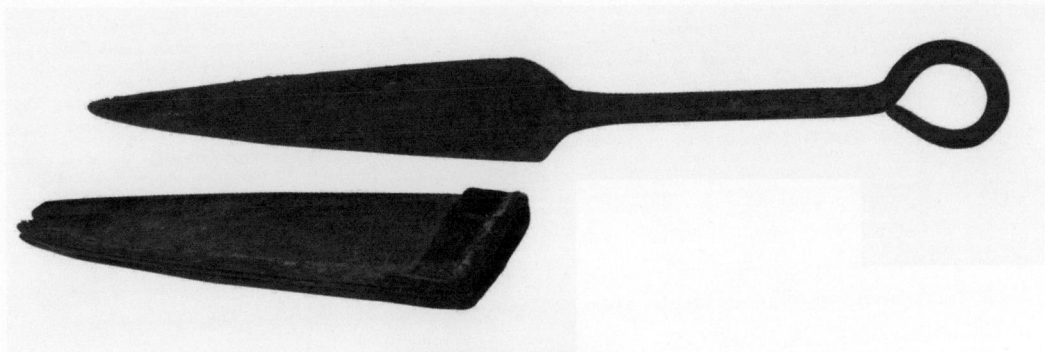

平和暴动时使用的飞刀

11

平和暴动时使用的钩矛

具体年代 第二次国内革命战争时期（1928 年）
文物类别 武器
质　　地 铁
具体尺寸 通长 47.00cm，手柄直径 3.00cm
质　　量 0.431kg
完残程度 基本完整

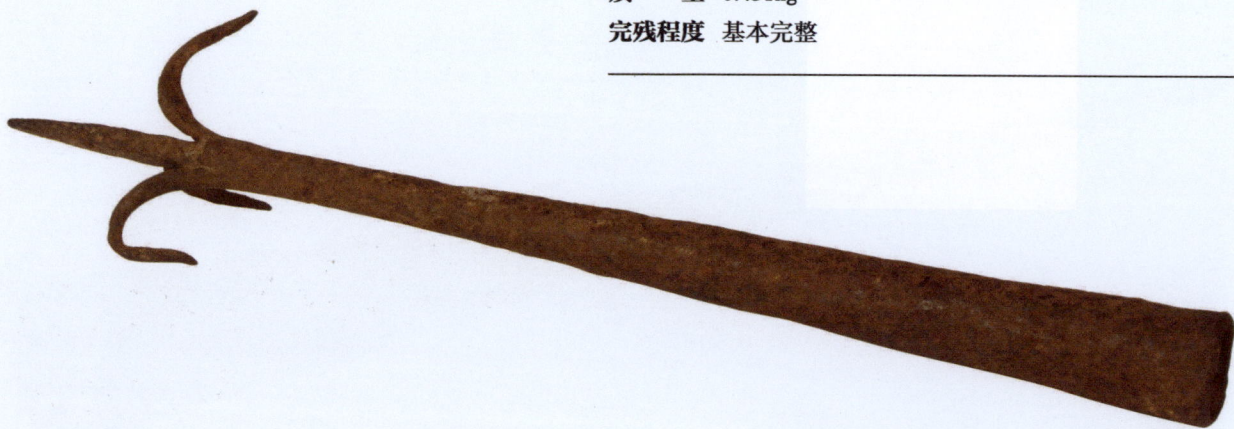

平和暴动时使用的钩矛

平和暴动时使用的砍刀

具体年代 第二次国内革命战争时期 (1928 年)
文物类别 武器
质　　地 铁
具体尺寸 通长 52.60cm
质　　量 0.888kg
完残程度 基本完整

平和暴动时使用的砍刀

平和暴动时使用的双管火药手枪

具体年代 第二次国内革命战争时期
文物类别 武器
质　　地 铁
具体尺寸 通长 23.56cm，通宽 8.33cm，枪管直径 1.40cm
质　　量 0.631kg
完残程度 基本完整

平和暴动时使用的双管火药手枪

平和暴动时使用的铁刀

具体年代 第二次国内革命战争时期（1928 年）
文物类别 武器
质　　地 铁，骨角牙
具体尺寸 通长 44.90cm，通宽 4.11cm，手柄直径 1.87cm
质　　量 0.520kg
完残程度 基本完整

平和暴动时使用的铁刀

平和暴动时使用的铁铜

具体年代	第二次国内革命战争时期（1928 年）
文物类别	武器
质　　地	铁
具体尺寸	通长 47.80cm
质　　量	0.648kg
完残程度	基本完整

平和暴动时使用的铁铜

平和暴动时使用的螺号

具体年代	第二次国内革命战争时期（1928 年）
文物类别	骨角牙器
质　　地	骨角牙
具体尺寸	通长 17.60cm
质　　量	0.166kg
完残程度	基本完整

采用天然海螺加工，表面有使用痕迹，已形成很薄的包浆，有一定的亮度，螺口一侧钻孔且镶有铜扣，系有挂绳。

平和暴动时使用的螺号

朱积垒使用的热水瓶

具体年代 第二次国内革命战争时期

文物类别 名人遗物

质　　地 玻璃,铁

具体尺寸 通高 27.64cm，口径 4.60cm，底径 9.31cm，高 5.76cm，
盖高 6.41cm，瓶高 29.24cm，腹径 9.10cm

质　　量 0.533 kg

完残程度 基本完整

　　上盖为铝合金制，瓶身铁制，表面绘有帆船图案和"游泳图"字样等，底座面锈蚀有破洞，瓶盖可见"洋昌行""保暖"字样。

朱积垒使用的热水瓶

1927 年 12 月 14 日平和县崎岭乡《农民协会成立宣言》

具体年代 第二次国内革命战争时期 (1927 年 12 月 14 日)

文物类别 文件、宣传品

质　　地 纸质

具体尺寸 纵 29.00cm，横 34.00cm

质　　量 0.005kg

完残程度 残缺

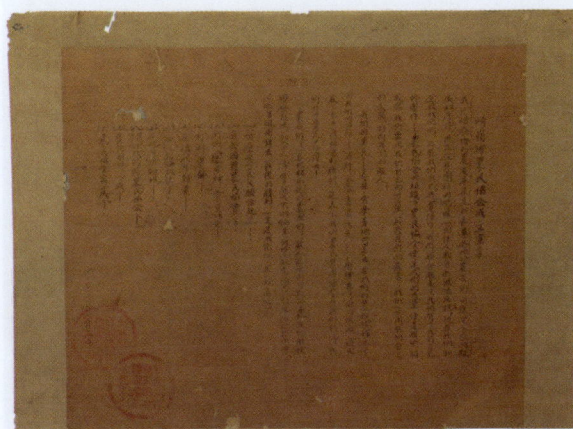

1927 年 12 月 14 日平和县崎岭乡《农民协会成立宣言》

《少年先锋队的组织法》小册子

具体年代 第二次国内革命战争时期

文物类别 文件、宣传品

质　　地 纸

具体尺寸 纵 17.50cm，横 11.50cm

质　　量 0.009kg

完残程度 基本完整

　　本小册子封面的持剑人似希腊神话中的智慧之神，毛边纸，双面铅印，宋体字，封面封底连同正文共计 14 页。小册子对少年先锋队的组织做了详细介绍，具体内容包括总纲、各级少年先锋队的组织、各级会议、礼节、服装、队员应守的信条、队长科长的资格、少年先锋队的工作与任务、少先队各种组织的关系等，是土地革命时期关于少年先锋队组织及任务的阐述。

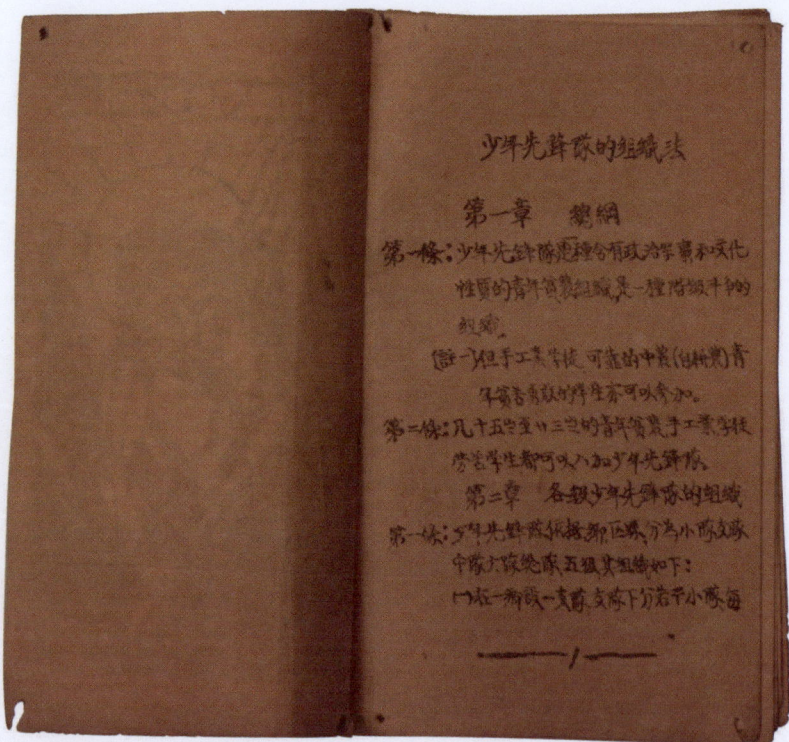

《少年先锋队的组织法》小册子

《游击战基础战术》上册

具体年代 第二次国内革命战争时期
文物类别 文件、宣传品
质 地 纸
具体尺寸 纵 17.50cm，横 12.00cm
质 量 0.030kg
完残程度 残缺

　　《游击战基础战术》上册系毛边纸油印装订本，双面油印，宋体蓝字，共计 45 页。本小册子对游击战基础战术做了详细介绍，具体内容包括绪论、战术、战争的目的、组织、任务、动作和政治工作等十五章，是土地革命时期关于游击战基础战术的印本。

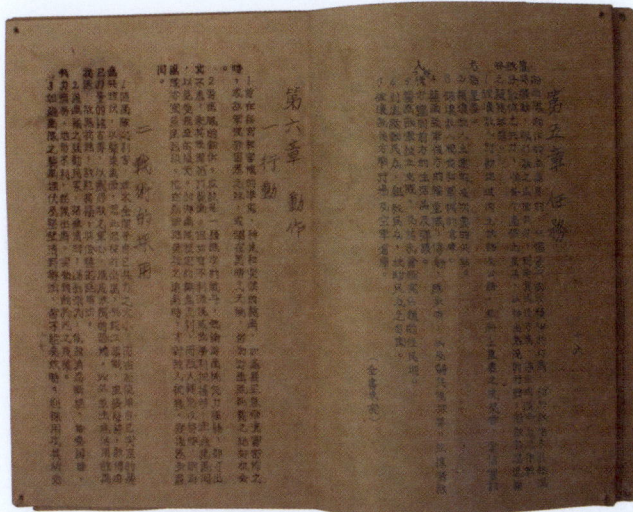

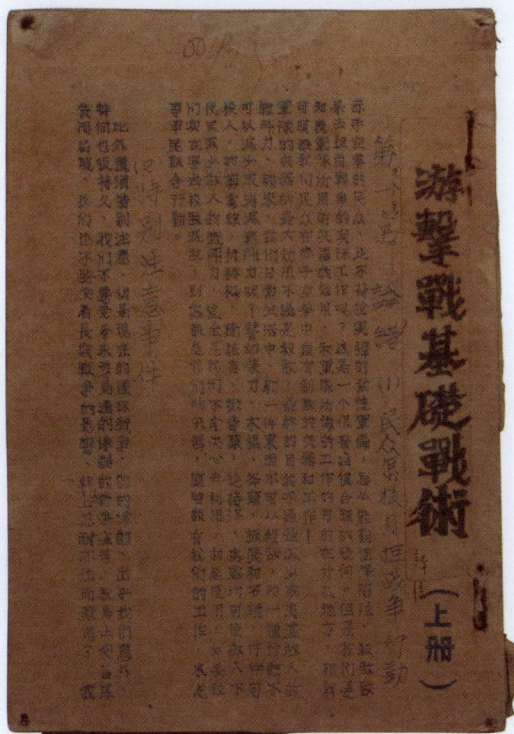

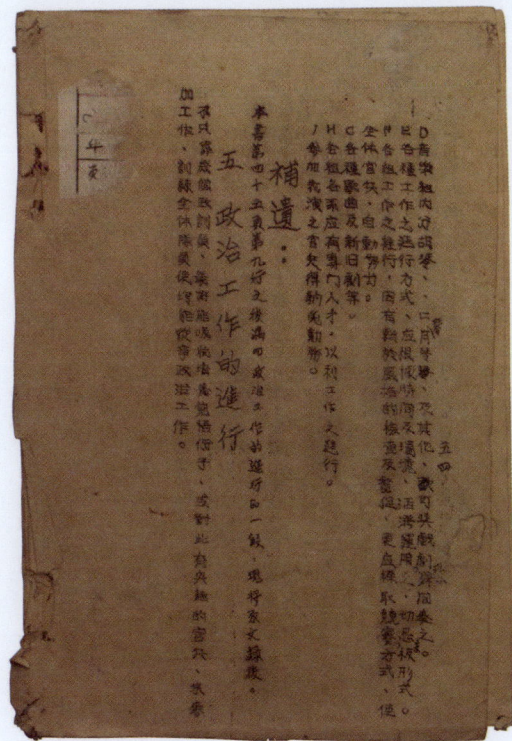

《游击战基础战术》上册

第二十五集团军游击干部训练班巡回教育团翻印《游击战术讲义》

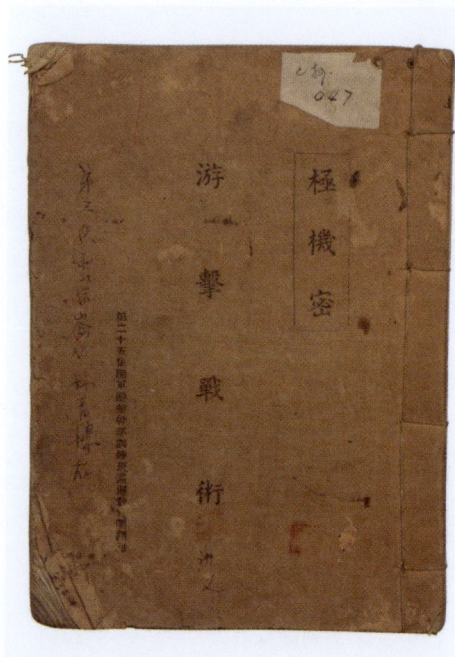

具体年代 抗日战争时期

文物类别 文件、宣传品

质　　地 纸质

具体尺寸 纵 18.00cm，横 13.00cm

质　　量 0.066kg

完残程度 残缺

　　《游击战术讲义》由二十五集团军游击干部训练班巡回教育团翻印，长方形小册子，毛边纸，双面油印，宋体字，共计 94 页。本小册子对游击战术做了详细介绍，具体内容包括游击战术的一般原则、袭击动作、破坏动作、防御退却、行军宿营、侦察调查警戒、通信联络、供给卫生等八章，是抗日战争时期关于游击战战术的讲义。

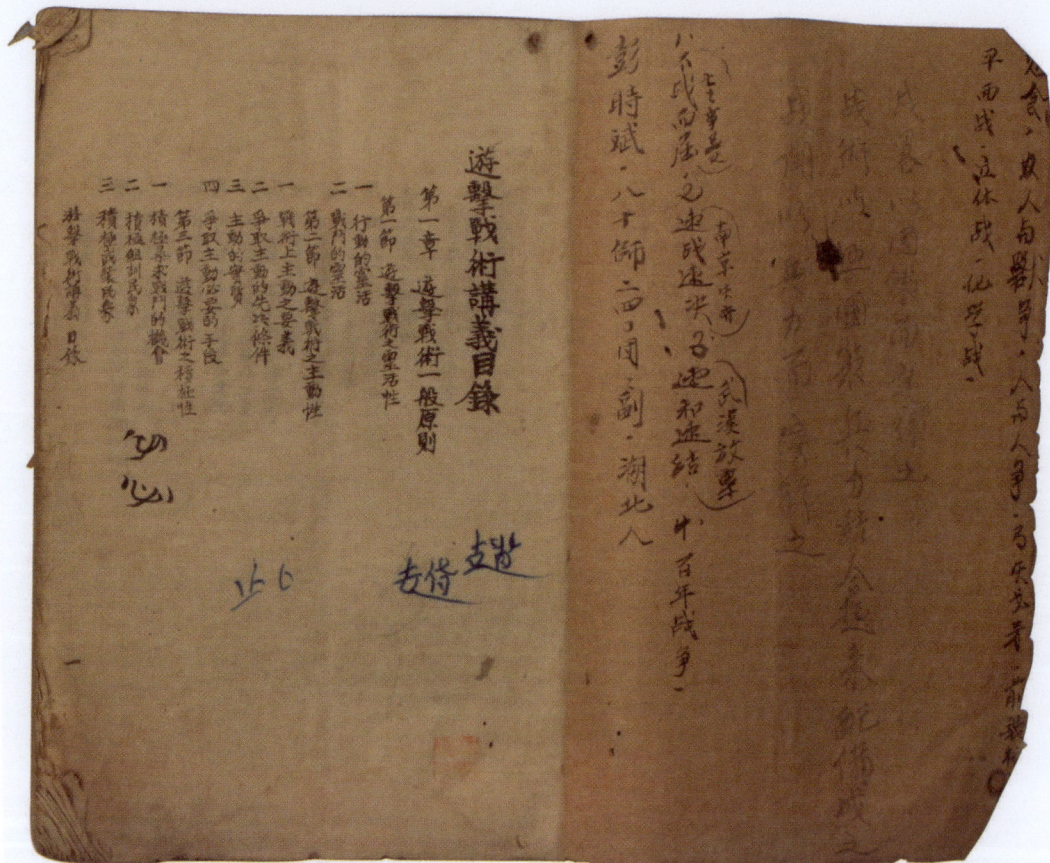

第二十五集团军游击干部训练班巡回教育团翻印《游击战术讲义》

闽南游击队使用的望远镜

具体年代 第二次国内革命战争时期
文物类别 其他
质　　地 铁，其他金属，皮革
具体尺寸 宽 15.47cm，高 11.47cm，厚 5.00cm
质　　量 0.797kg
完残程度 基本完整

　　闽南游击队使用的望远镜，铁铜皮革制品，双管连体有挂带，中轴刻度标有"60-70"，双筒镜面完整。

闽南游击队使用的望远镜

平和地下工作人员郑裕德学习笔记本

具体年代 第二次国内革命战争时期（1927年）

文物类别 名人遗物

质　　地 纸质

具体尺寸 纵 16.60cm，横 10.50cm

质　　量 0.027kg

完残程度 基本完整

　　平和地下工作人员郑裕德学习笔记本，长方形，共计5本。

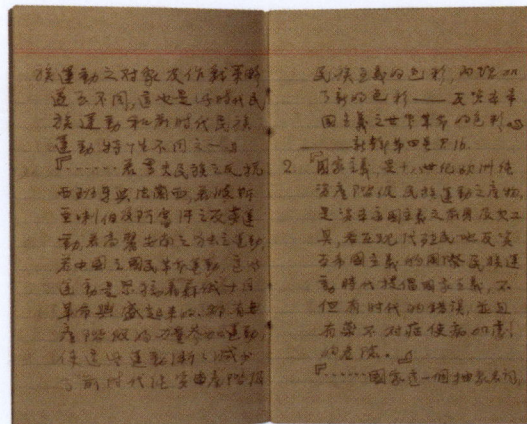

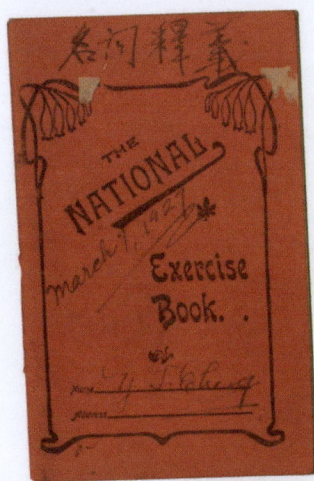

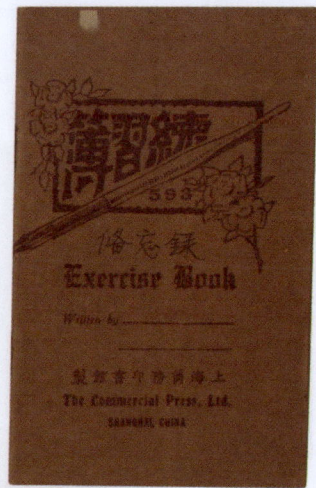

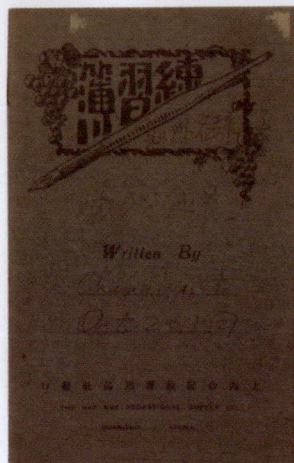

平和地下工作人员郑裕德学习笔记本

1930 年闽西红军第二路指挥部 "告商人及知识分子"传单

具体年代 第二次国内革命战争时期（1930 年）

文物类别 文件、宣传品

质　　地 纸质

具体尺寸 纵 20.50cm，横 55.00cm

质　　量 0.018kg

完残程度 残缺

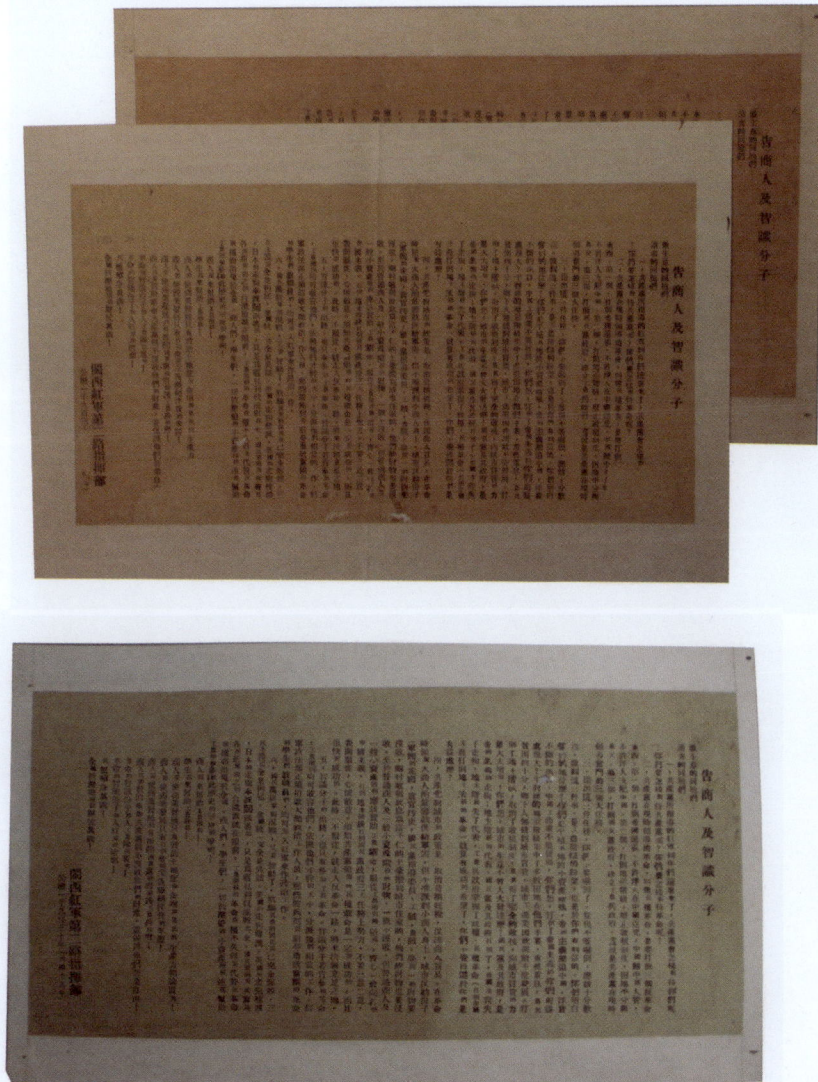

1930 年闽西红军第二路指挥部 "告商人及知识分子"传单

1930年1月27日闽西红军第一团青年科印"告青年群众书"

具体年代	第二次国内革命战争时期（1930年1月27日）
文物类别	文件、宣传品
质　　地	纸质
具体尺寸	纵20.70cm，横55.00cm
质　　量	0.003kg
完残程度	残缺

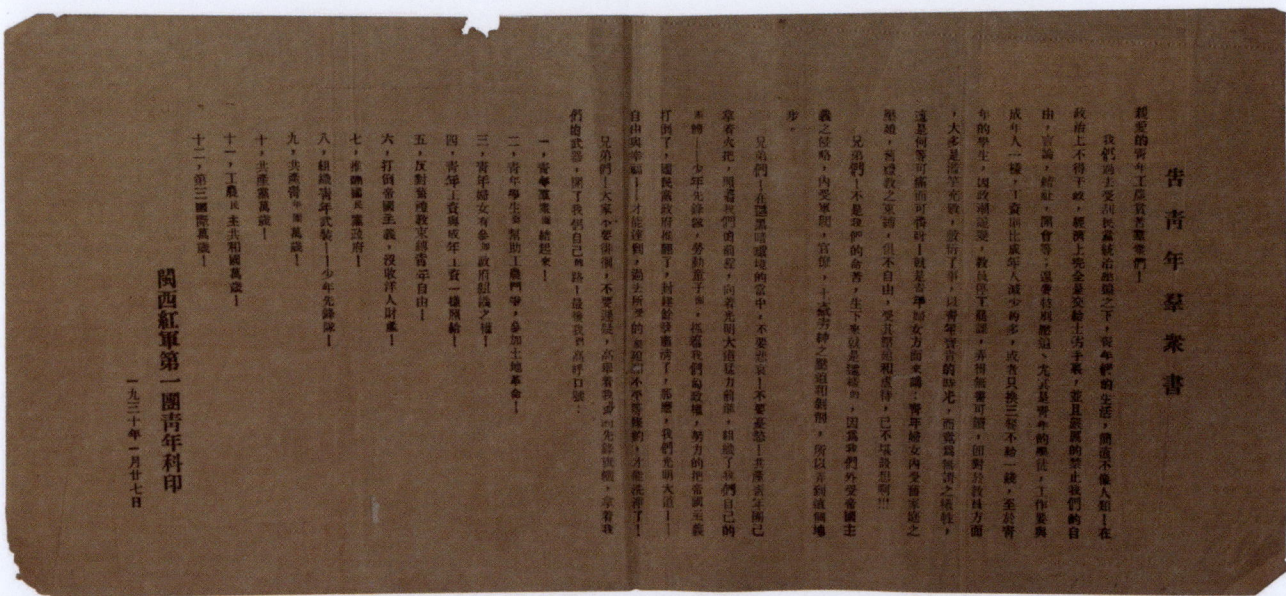

1930年1月27日闽西红军第一团青年科印"告青年群众书"

闽西红军第一团印
"告民团团丁书"传单

具体年代　第二次国内革命战争时期（1932 年）
文物类别　文件、宣传品
质　　地　纸质
具体尺寸　纵 21.00cm，横 36.00cm
质　　量　0.015kg
完残程度　残缺

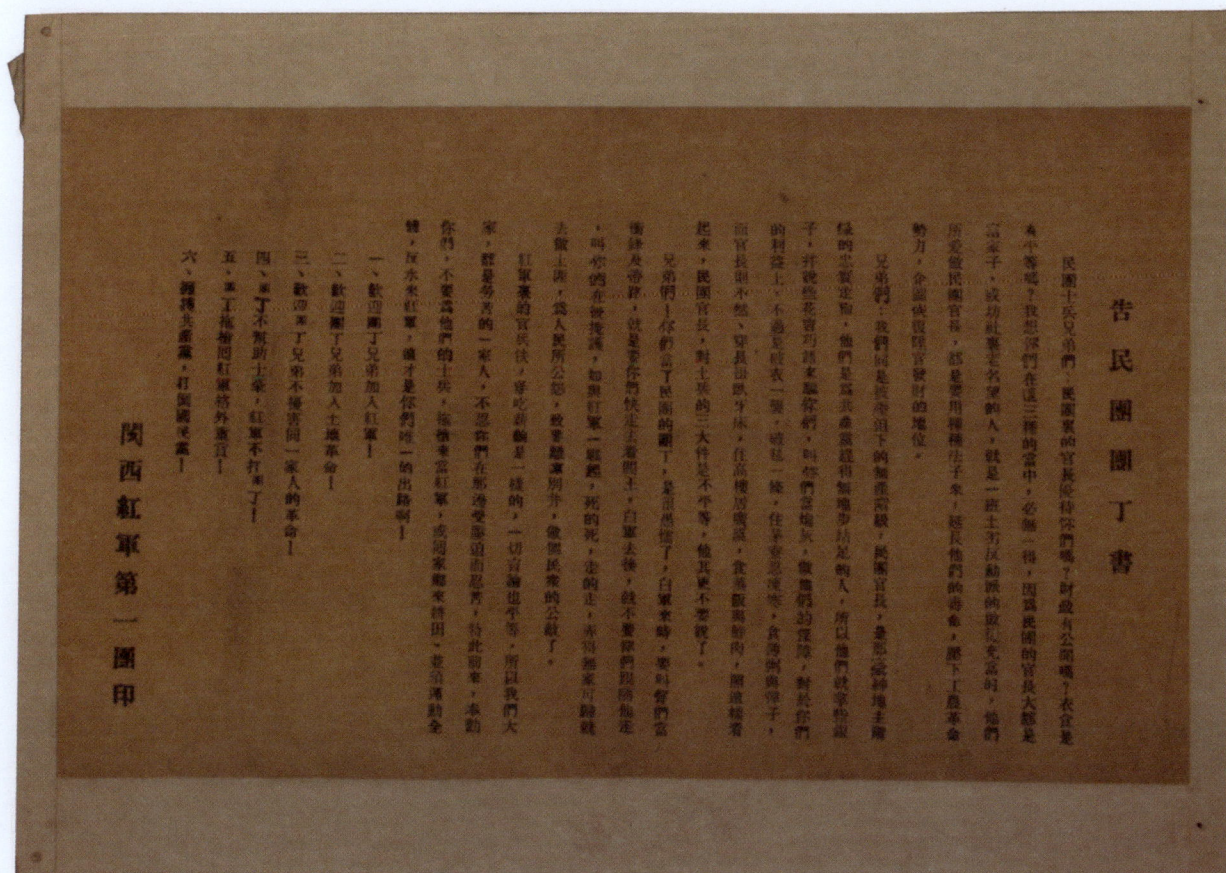

闽西红军第一团印"告民团团丁书"传单

1931 年 8 月中共饶和埔县执委会印"为纪念八一国际赤色日拥护东江苏维埃大会告饶和埔群众书"传单

具体年代 第二次国内革命战争时期(1931 年 8 月)

文物类别 文件、宣传品

质　　地 纸质

具体尺寸 纵 24.30cm，横 40.00cm

质　　量 0.009kg

完残程度 严重残缺

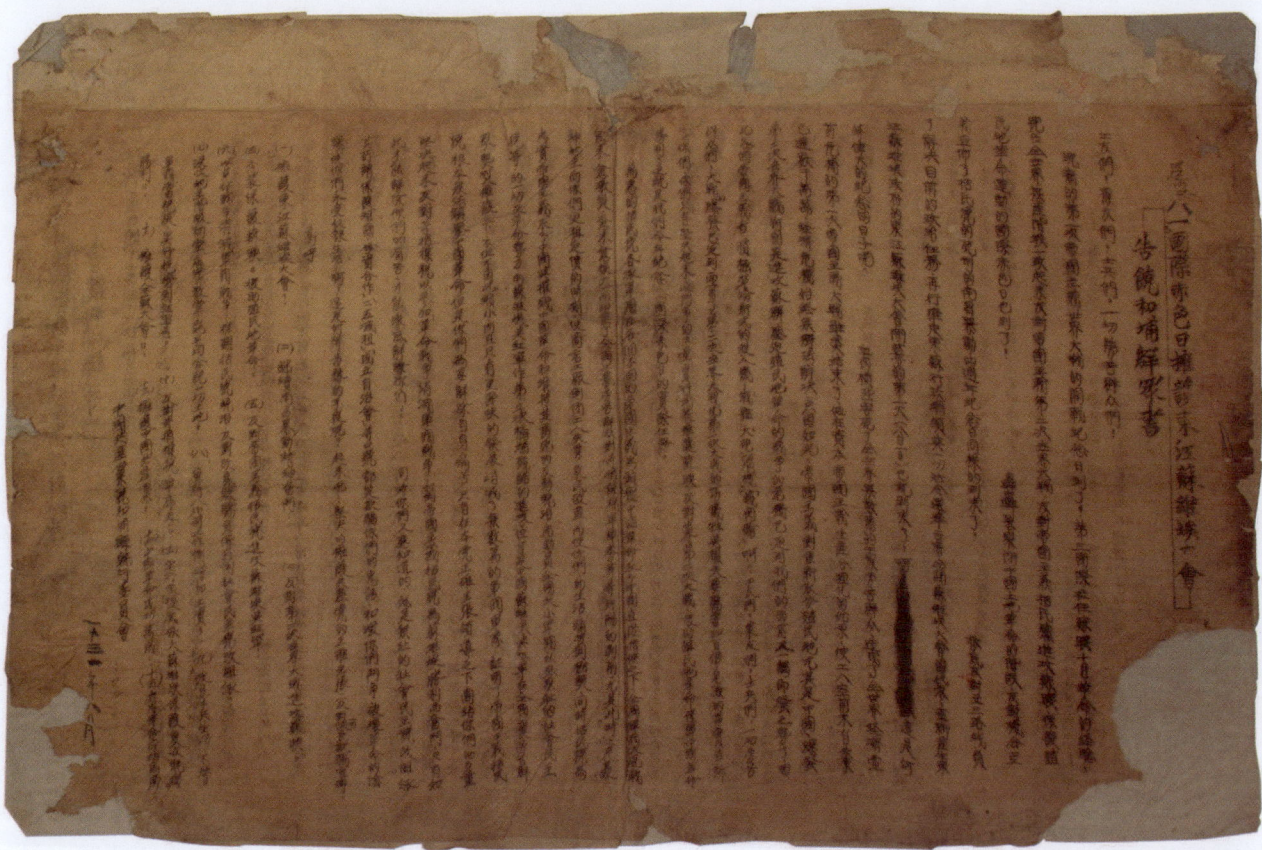

1931 年 8 月中共饶和埔县执委会印"为纪念八一国际赤色日拥护东江苏维埃大会告饶和埔群众书"传单

1931年3月14日闽西红报社
《红报》第八十九期

具体年代	第二次国内革命战争时期（1931年3月14日）
文物类别	文件、宣传品
质　　地	纸质
具体尺寸	纵34.00cm，横50.00cm
质　　量	0.004kg
完残程度	残缺

《红报》为A3单面铅印，总发行处为闽粤赣苏区红旗报社，内含社会民主党的阴谋、怎样反对社会民主党等内容。

1931年3月14日闽西红报社《红报》第八十九期

1932 年 4 月红军进漳时使用的木柄手榴弹

具体年代 第二次国内革命战争时期（1932 年 4 月）

文物类别 武器

质　　地 铁，木

具体尺寸 底部直径 5.50cm，上部直径 2.70cm

质　　量 0.699 kg

完残程度 基本完整

1932 年 4 月红军进漳时使用的木柄手榴弹

　　手榴弹的铁筒与木柄连接处有锈蚀，内膛火药已掏空，挂绳拉环已缺失。

1932 年 4 月红军进漳时的红四军臂章

具体年代 第二次国内革命战争时期（1932 年 4 月）

文物类别 文件、宣传品

质　　地 棉麻纤维

具体尺寸 纵 15.75cm，横 20.30cm

质　　量 0.140 kg

完残程度 基本完整

1932 年 4 月红军进漳时的红四军臂章

　　臂章为方形、棉布、白底泛黄，有污渍，布上印有黑色线条五角星，中间有镰刀、锤子标志，铭文"红军第四军"，下方为长方形简表，用于填写队况。

中国工农红军第四军军直队证章

具体年代 第二次国内革命战争时期
文物类别 文件、宣传品
质　　地 铜
具体尺寸 直径 2.90cm，厚 0.20cm
质　　量 0.001kg
完残程度 基本完整

　　证章为五角星形铜质模制薄片，上方有挂环，正面中间为双环圆形，内圈为珠点环绕，外圈为圆形，中间模印铭文"中国工农红军第四军军直队"。铜片五角与内圈的位置以马步纹为底，分别印有斧头、镰刀、麦穗、稻穗、枪五种图案。铜片设计精致美观，富有革命内涵，背面有模压痕迹，一般用作胸章。

中国工农红军第四军军直队证章

中国工农红军第四军军直队帽徽（1932）

具体年代 第二次国内革命战争时期（1932 年）
文物类别 文件、宣传品
质　　地 铜
具体尺寸 直径 1.80cm，厚 0.20cm
质　　量 0.004kg
完残程度 基本完整

红四军的帽徽

1932 年 4 月红军进漳时龙虎庵赤卫队使用的步枪

具体年代 第二次国内革命战争时期（1932 年 4 月）
文物类别 武器
质　　地 木、铁
具体尺寸 通长 112.00cm
质　　量 3.24 kg
完残程度 基本完整

步枪为硬木、铁质，扣机部位残断破损。

1932 年 4 月红军进漳时龙虎庵
赤卫队使用的步枪

南靖群众为拥护革命立《立保障字》合约

具体年代 第二次国内革命战争时期（1932 年）
文物类别 档案文书
质　　地 纸质
具体尺寸 纵 24.00cm，横 57.00cm
质　　量 0.023kg
完残程度 残缺

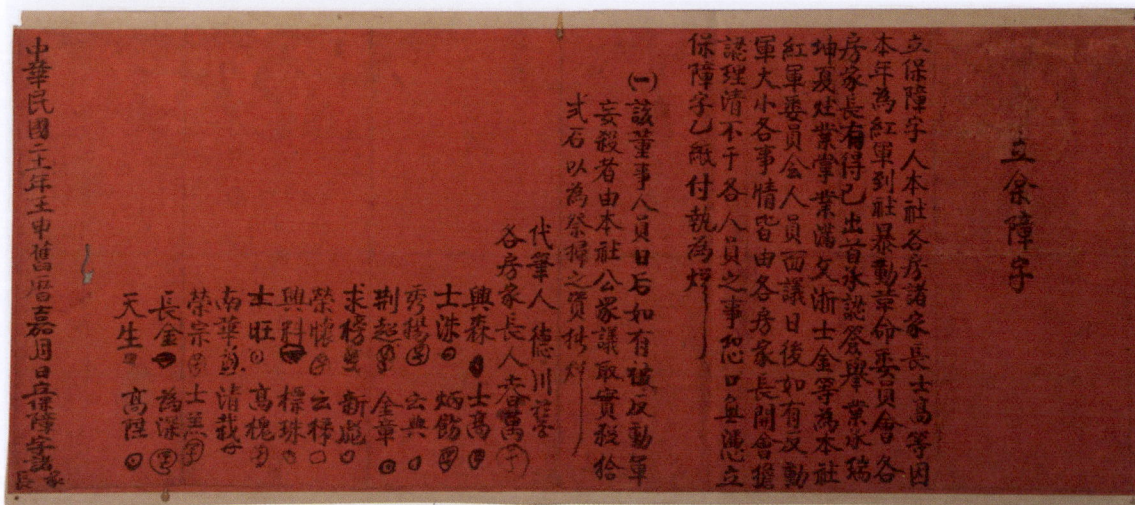

南靖群众为拥护革命立《立保障字》合约

红军进漳时红三团写标语使用的大笔

具体年代	第二次国内革命战争时期（1932 年）
文物类别	文具
质　　地	毛，木
具体尺寸	通长 22.65cm
质　　量	0.198kg
完残程度	基本完整

红军进漳时
红三团写标语使用的大笔

　　大笔木柄近似腰鼓形，利于把手。一端口较大，上嵌胶粘，粗圆锥状毛刷，呈大红色，是当时红军进漳时红三团书写标语时使用的工具。

1932 年 6 月 6 日中国工农红军闽南独立第三团政治部"敬告保安队全体士兵及民团士兵兄弟书"传单

具体年代	第二次国内革命战争时期（1932 年 6 月 6 日）
文物类别	文件、宣传品
质　　地	纸质
具体尺寸	纵 19.00cm，横 24.00cm
质　　量	0.010kg
完残程度	残缺

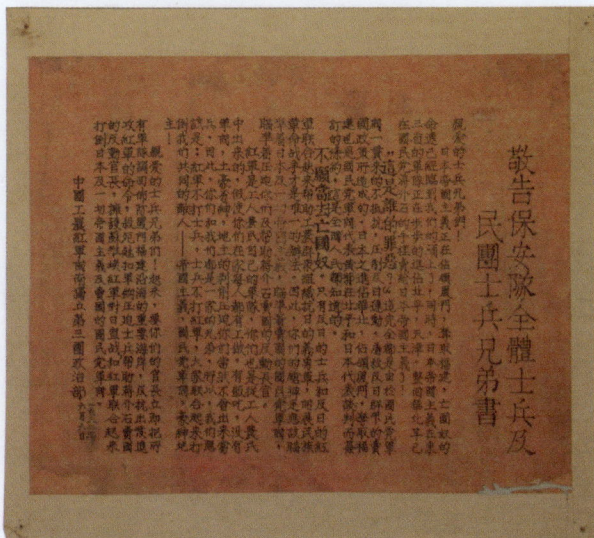

1932 年 6 月 6 日中国工农红军闽南独立第三团政治部
"敬告保安队全体士兵及民团士兵兄弟书"传单

1933年8月1日中共闽粤边区特委翻印中央革命军事委员会颁发的《工农红军纪律暂行条例》小册子

具体年代 第二次国内革命战争时期（1933年8月1日）

文物类别 文件、宣传品

质　　地 纸

具体尺寸 纵15.50cm，横10.50cm

质　　量 0.007kg

完残程度 残缺

　　《工农红军纪律暂行条例》于1933年8月1日由中央革命军事委员会公布，中共闽粤边区特委翻印；长方形小册子，毛边纸，双面铅印，含封面共计10页；具体内容包括总纲、奖励、惩戒、附则等四章，是早期工农红军的规范性文件。

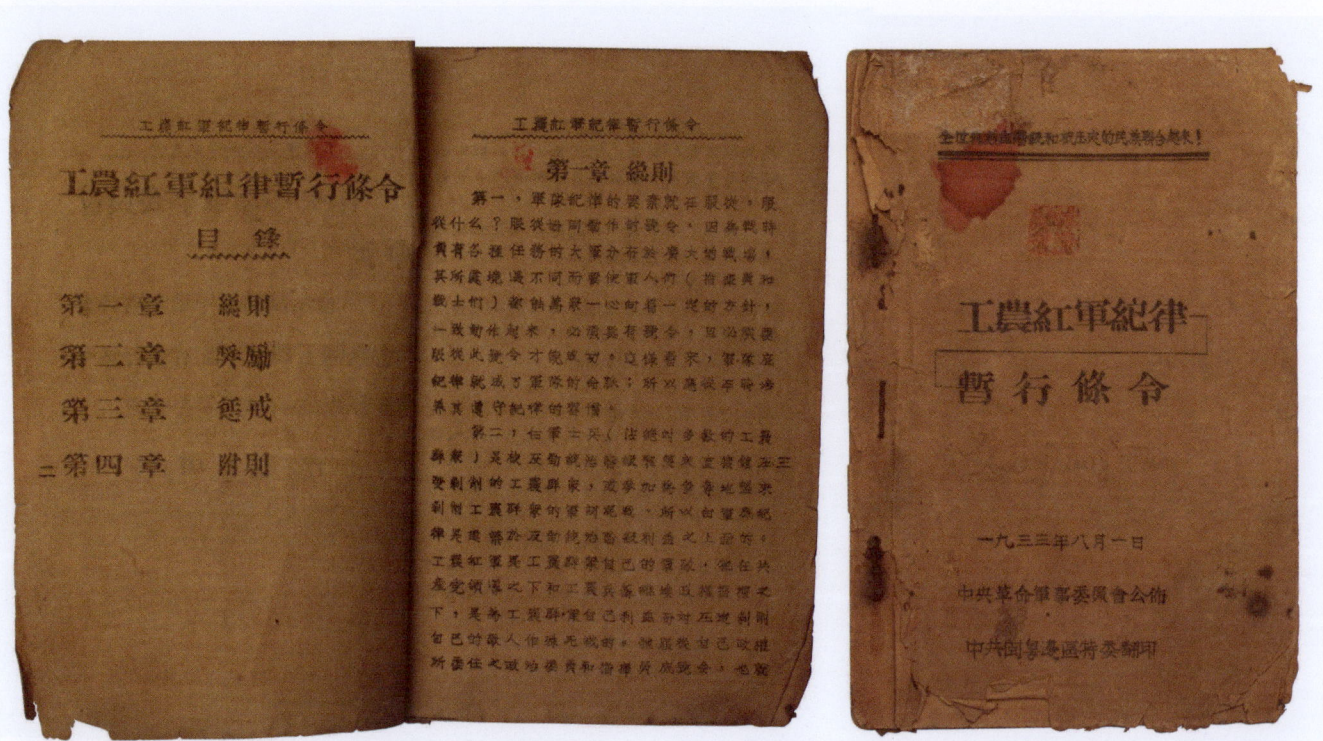

1933年8月1日中共闽粤边区特委翻印中央革命军事委员会颁发的《工农红军纪律暂行条例》小册子

《斗争》小册子

具体年代 第二次国内革命战争时期（1935 年）

文物类别 文件、宣传品

质　　地 纸质

具体尺寸 纵 19.50cm，横 14.00cm

质　　量 0.01kg

完残程度 基本完整

　　《斗争》为长方形小册子，毛边纸，双面油印，含封面 1 和封面 2 共计 10 页；具体内容包括丛刊的话、我们的话、农村通信等三部分，其中"给闽南的青年学生"号召青年的学生们争取民族解放而斗争，并列出 6 句口号，是研究闽南人民革命斗争的重要参考资料。

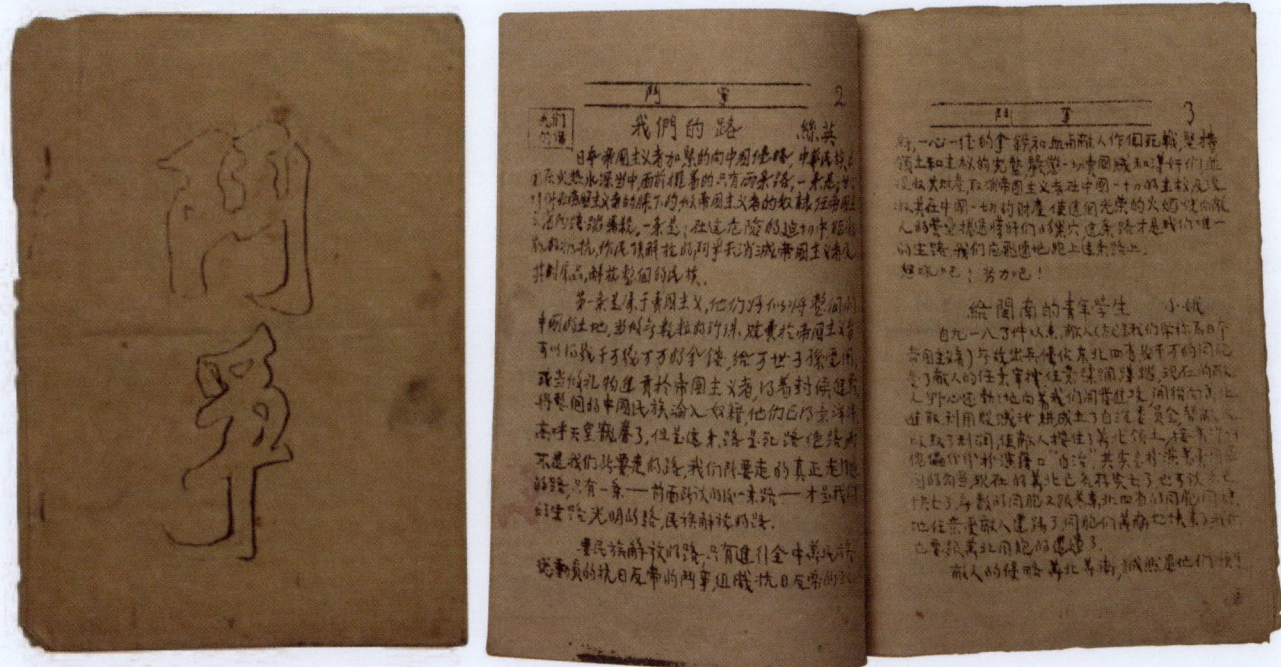

《斗争》小册子

1936 年漳州工农报社翻印《革命潮曲集》小册子

具体年代 第二次国内革命战争时期
文物类别 文件、宣传品
质　　地 纸
具体尺寸 纵 18.00cm，横 12.00cm
质　　量 0.026kg
完残程度 残缺

　　《革命潮曲集》1936 年由漳州工农报社翻印，长方形小册子，毛边纸，双面油印蓝字，含封面共计 36 页；具体歌曲包括国际歌、工农兵大联合歌、工农革命歌及潮曲 17 首。

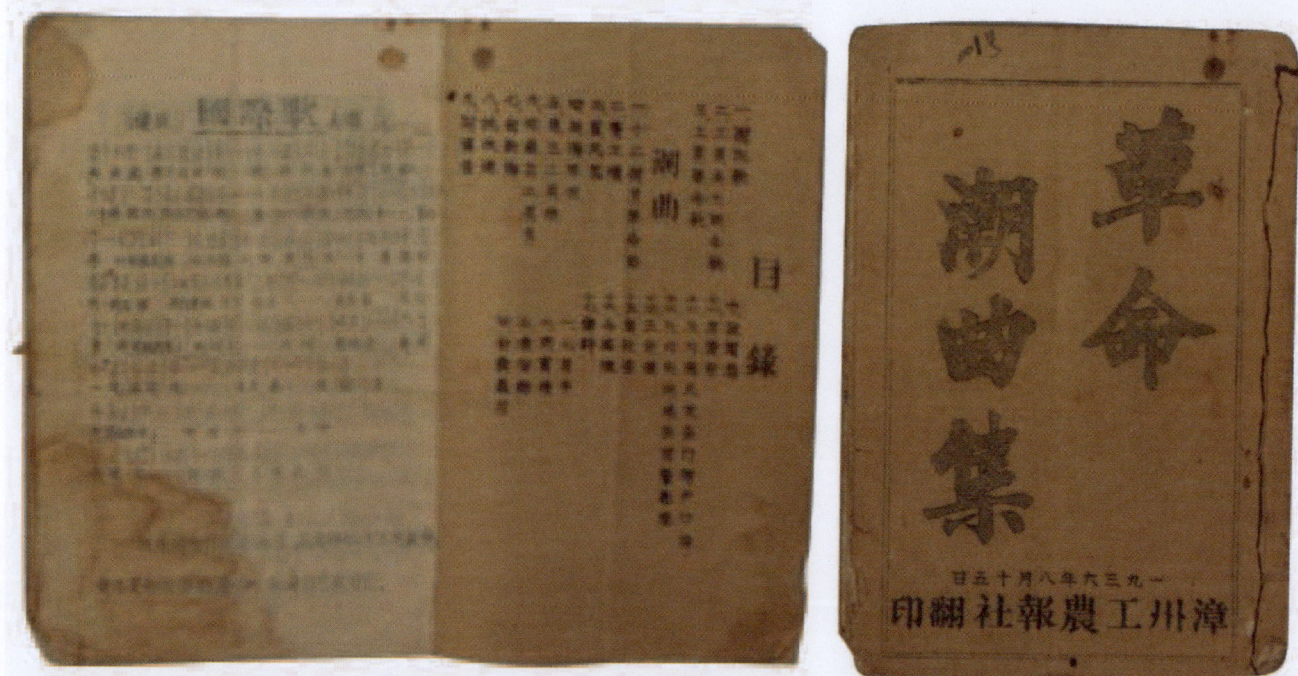

1936 年漳州工农报社翻印《革命潮曲集》小册子

漳州抗日义勇军总部抗日基金筹委会收林委仔大洋捐助的收据

具体年代 第二次国内革命战争时期（1936 年 8 月 4 日）

文物类别 票据

质　　地 纸质

具体尺寸 纵 16.70cm，横 12.60cm

质　　量 0.011kg

完残程度 残缺

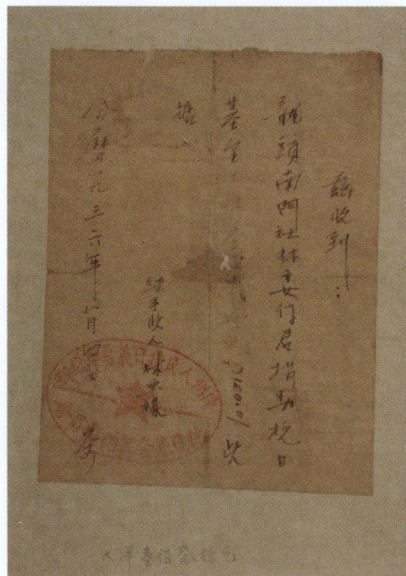

漳州抗日义勇军总部抗日基金筹委会收
林委仔大洋捐助的收据

1936 年 9 月 5 日漳州抗日义勇军总部抗日基金筹委会收永禾社团大洋捐助的收据

具体年代 第二次国内革命战争时期（1936 年 9 月 5 日）

文物类别 票据

质　　地 纸质

具体尺寸 纵 14.50cm，横 8.00cm

质　　量 0.013kg

完残程度 残缺

收据采用白边纸印刷，黑体字，有残损。纸面钤印椭圆形朱文"漳州人民抗日义勇军总部、抗日基金筹备委员会"章，捐款人"武哲郑、永乐社团"，捐款金额"3角3分"，"经手人水池"，时间"1936 年 9 月 5 日"。

漳州人民抗日义勇军总部，1936 年 6 月在平和县邦寮成立，成员共 2000 人，总指挥何浚，副总指挥朱曼平。此张收据是该总部向社会筹款募捐的凭证。

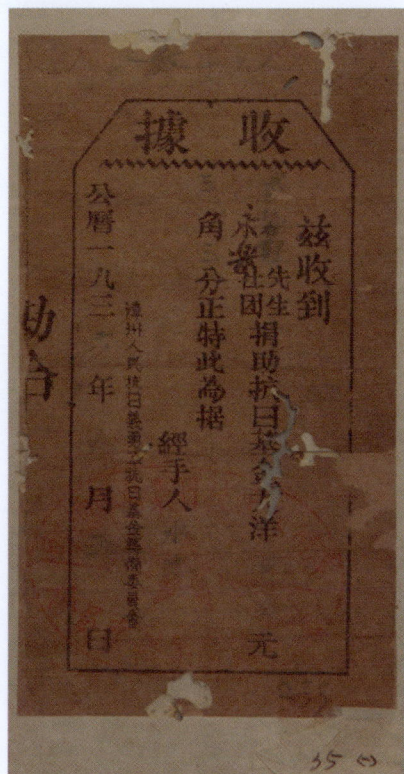

1936 年 9 月 5 日漳州抗日义勇军总部抗日
基金筹委会收永乐社团大洋捐助的收据

1936 年 9 月 16 日漳州抗日义勇军总部抗日基金筹委会收赵丁隆大洋捐助的收据

具体年代	第二次国内革命战争时期（1936 年 9 月 16 日）
文物类别	文件、宣传品
质　　地	纸质
具体尺寸	纵 14.50cm，横 8.00cm
质　　量	0.009kg
完残程度	基本完整

1936 年 9 月 16 日漳州抗日义勇军总部抗日基金筹委会收赵丁隆大洋捐助的收据

1937 年 6 月 24 日永和靖抗日基金委员会开给杨打铁的捐助收据

具体年代	第二次国内革命战争时期（1937 年 6 月 24 日）
文物类别	票据
质　　地	纸质
具体尺寸	纵 17.00cm，横 13.10cm
质　　量	0.007kg
完残程度	残缺

1937 年 6 月 24 日永和靖抗日基金委员会开给杨打铁的捐助收据

1937年8月21日永和靖抗日基金委员会开给杨根大的捐助收据

具体年代 第二次国内革命战争时期（1937年8月21日）
文物类别 票据
质　地 纸质
具体尺寸 纵17.00cm，横11.00cm
质　量 0.006kg
完残程度 残缺

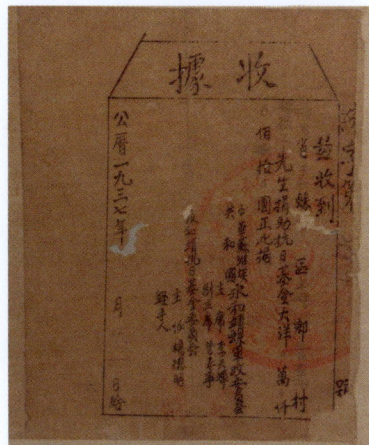

1937年8月21日永和靖抗日基金委
员会开给杨根大的捐助收据

1937年2月10日宣传股编印的《厦门市妇女界募金援助前方剿匪守土将士文艺会特刊》

具体年代 第二次国内革命战争时期（1937年2月10日）
文物类别 文件、宣传品
质　地 纸
具体尺寸 纵52.00cm，横48.00cm
质　量 0.005kg
完残程度 残缺

1937年2月10日宣传股编印的《厦门市妇女
界募金援助前方剿匪守土将士文艺会特刊》

1937年2月10日《闽南文艺协会会报》第二期

具体年代 第二次国内革命战争时期（1937年2月10日）

文物类别 文件、宣传品

质　　地 纸

具体尺寸 纵48.00cm，横52.00cm

质　　量 0.012kg

完残程度 残缺

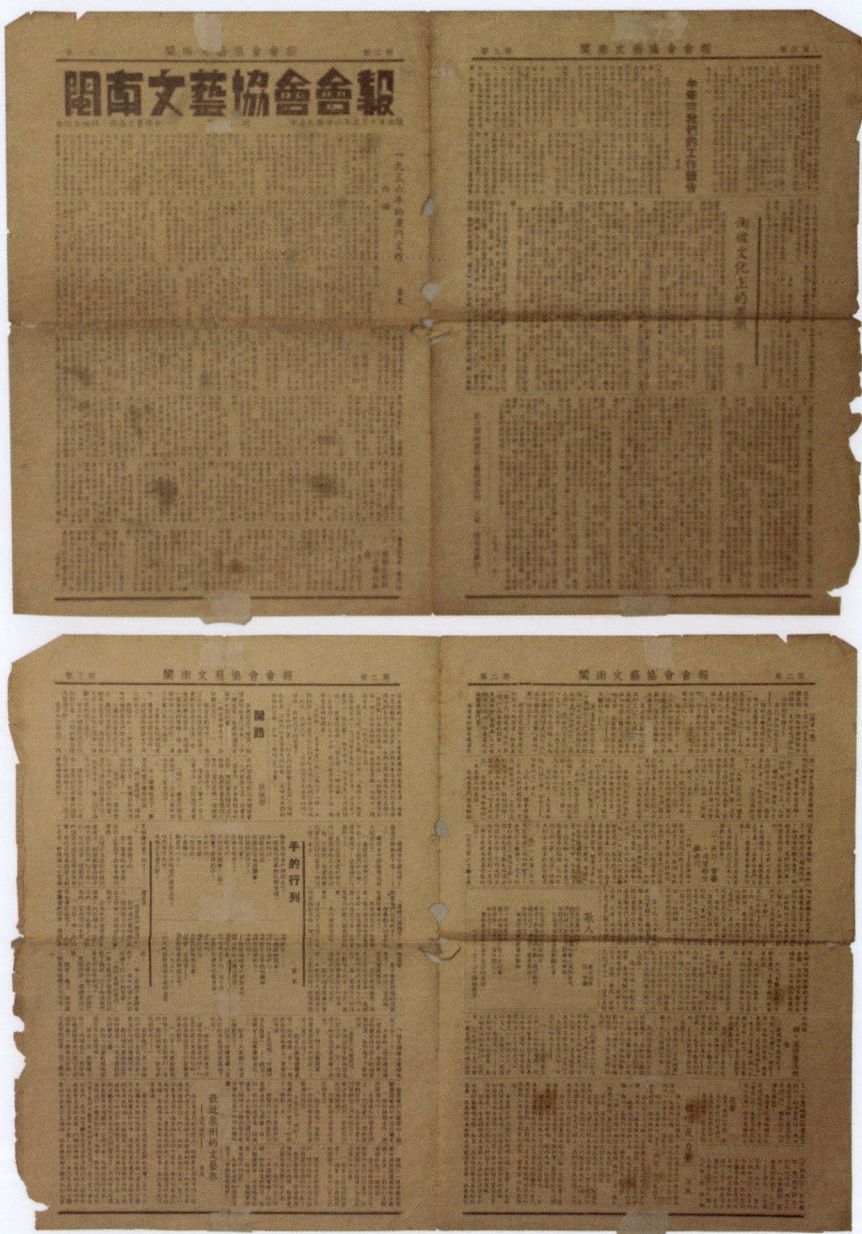

1937年2月10日《闽南文艺协会会报》第二期

1937年李英编《民众歌咏集》
第一、二、三、四集

具体年代 第二次国内革命战争时期（1937年）

文物类别 文件、宣传品

质　　地 纸质

具体尺寸 纵18.70cm，横13.00cm

质　　量 0.018kg

完残程度 基本完整

　　《民众歌咏集》为红底黑色套刻木版画，作者胡一川，编者李英。聂耳的《前进歌》《救亡进行曲》等均收录在内。

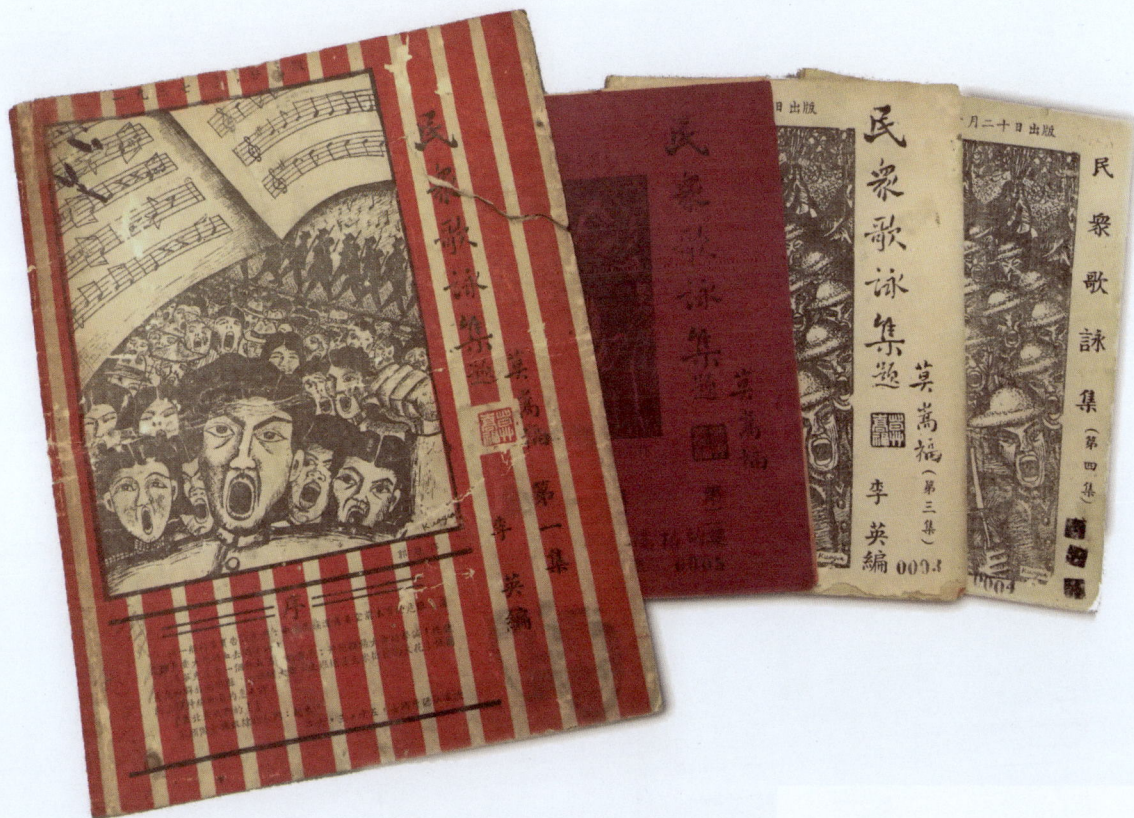

1937年李英编《民众歌咏集》第一、二、三、四集

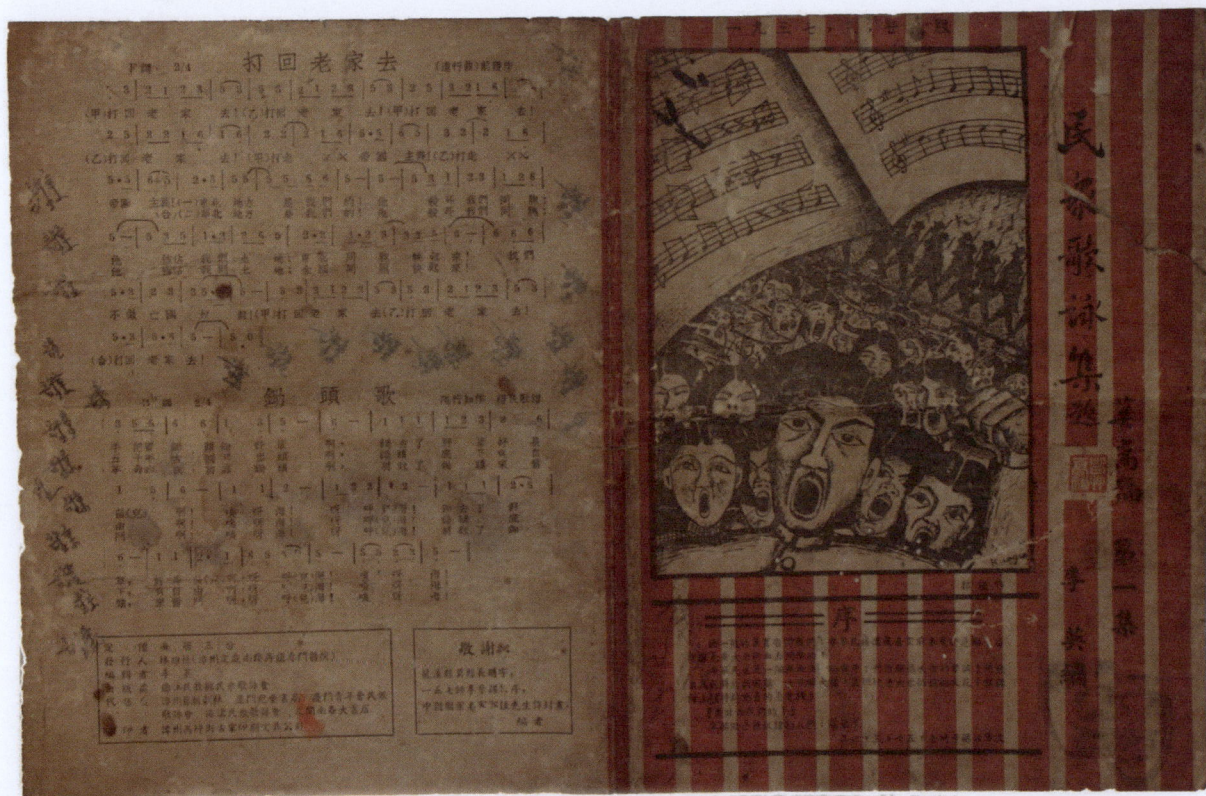

1937 年 5 月 1 日李英编《民众歌咏集》第一集

1937 年 5 月 1 日李英编《民众歌咏集》第二集

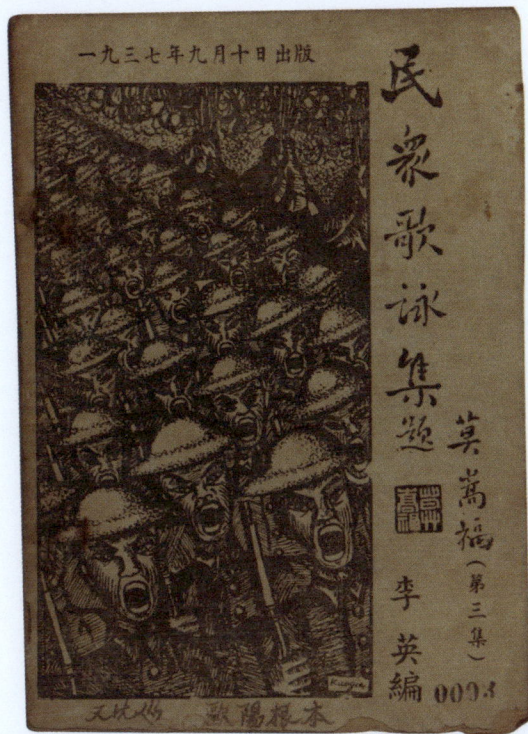

1937 年 5 月 1 日李英编《民众歌咏集》第三集

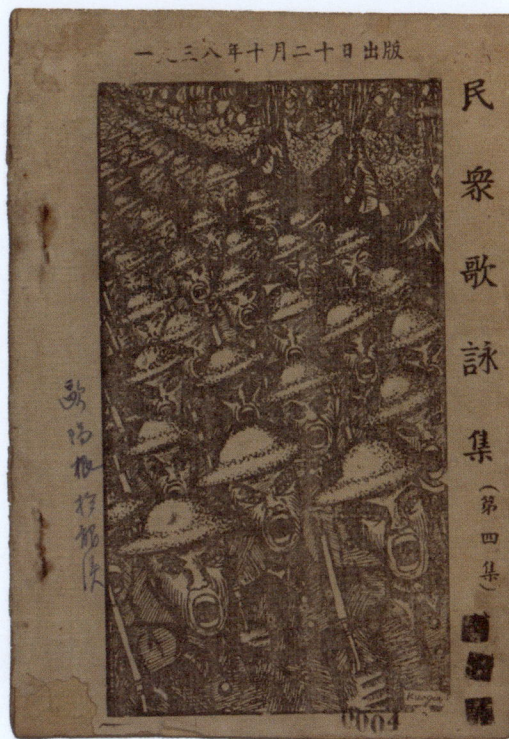

1937 年 5 月 1 日李英编《民众歌咏集》第四集

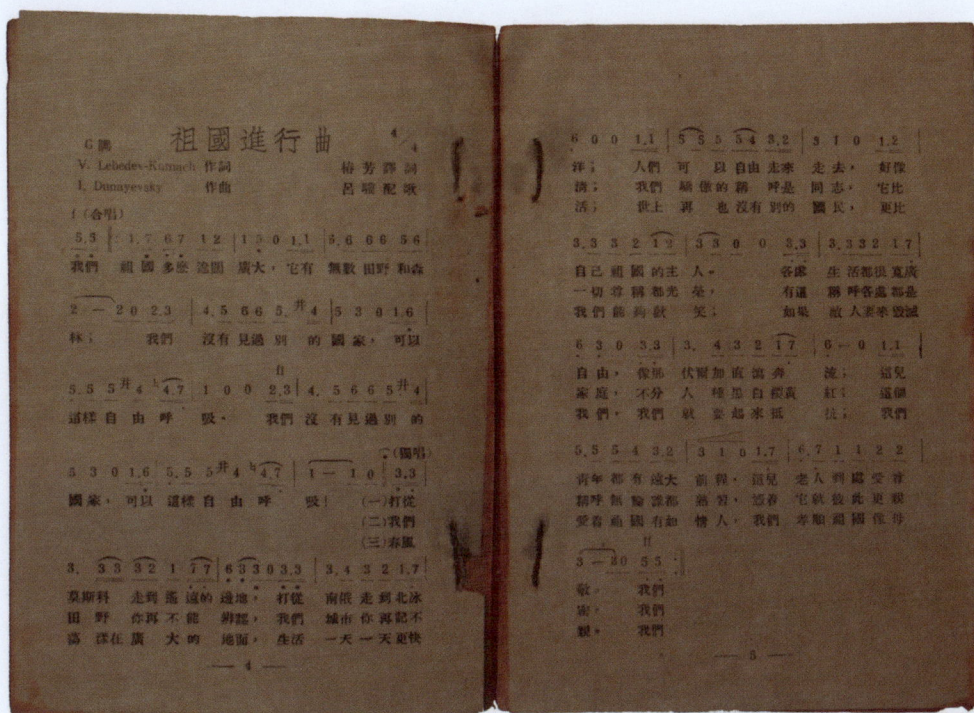

1937 年 5 月 1 日李英编《民众歌咏集》内页

第三章

抗日战争时期

（1937.7—1945.8）

1937年"七七"事变以后，抗日战争全面爆发。同年7月，漳州党组织根据中共闽南临委的指示，重新建立了中共漳州市工作委员会，通过芗潮剧社恢复和发展党的组织，领导漳州地区民众开展抗日救亡运动。漳州工委直接领导的有工人突击队、农民突击队、青年突击队、妇女突击队和18个宣传工作队。此外还有歌咏会，配合芗潮剧社开展各种形式的抗日救亡运动，活动十分活跃。

　　抗日战争时期，漳州军民在龙海南炮台首次击沉日本侵略军驱逐舰，大大地鼓舞了抗战的民心和士气。

中国出版社出版毛泽东、张闻天、陈绍禹著
《抗日民族统一战线与一党专政》

具体年代 抗日战争时期

文物类别 古籍图书

质　　地 纸质

具体尺寸 纵 19.00cm，横 13.00cm

质　　量 0.033kg

完残程度 残缺

　　《抗日民族统一战线与一党专政》由毛泽东、张闻天、陈绍禹三人合著，抗日战争时期由中国出版社出版，双面铅印，封面封底连同正文共计 50 页，含有"巩固国共合作争取抗战胜利""关于一党专政问题""中共现阶段政策与对抗战主张"等栏目。

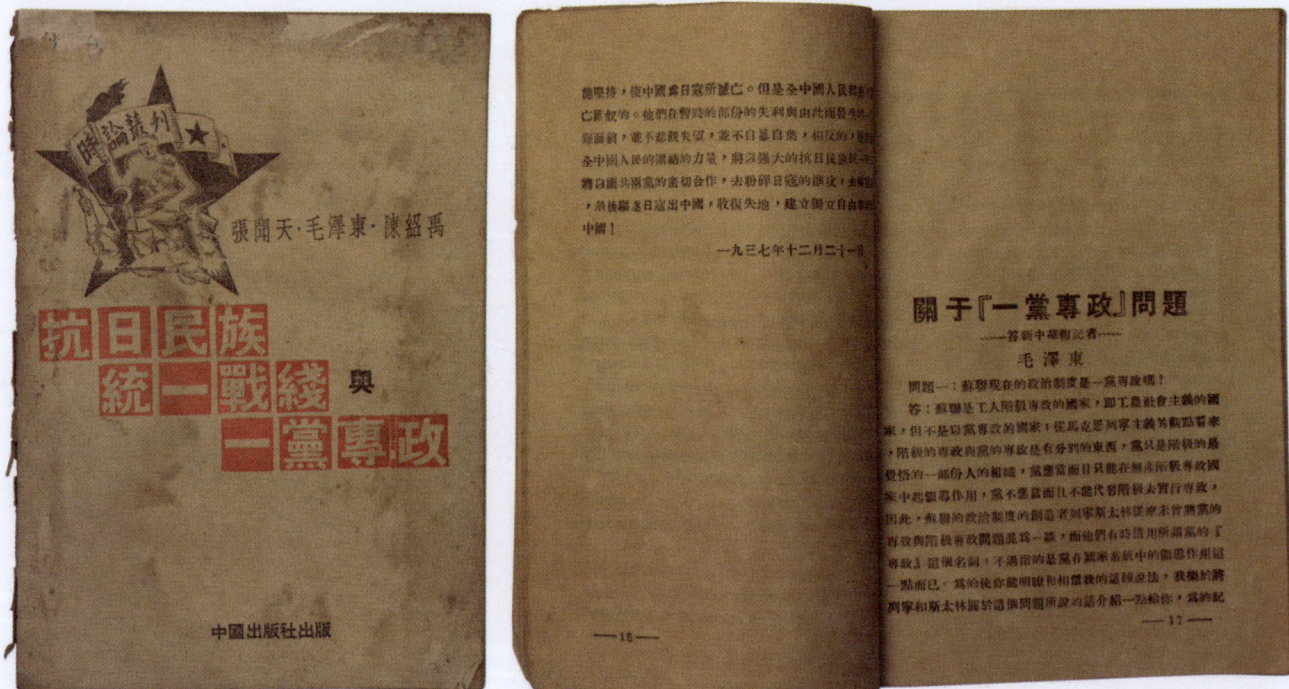

中国出版社出版毛泽东、张闻天、陈绍禹著《抗日民族统一战线与一党专政》

1937 年 11 月解放军出版社印行
《联合战线与中国抗战》

具体年代 抗日战争时期（1937 年 11 月）

文物类别 古籍图书

质　　地 纸质

具体尺寸 纵 18.50cm，横 12.50cm

质　　量 0.044kg

完残程度 残缺

　　《联合战线与中国抗战》由朱德、毛泽东原著，曹容三编译，1937 年 11 月解放军出版社印行。封面为红底白纹"联合战线与中国抗战"，封面封底连同正文共计 66 页，有"两大政党需要合作""两大政党统一后之企望""论联合战线之新政策""联合战线成立后的迫切任务""联合战线与中国抗战前途""联合战线之抗日救国总纲领"等栏目，是抗日战争时期关于两党合作的重要文件。

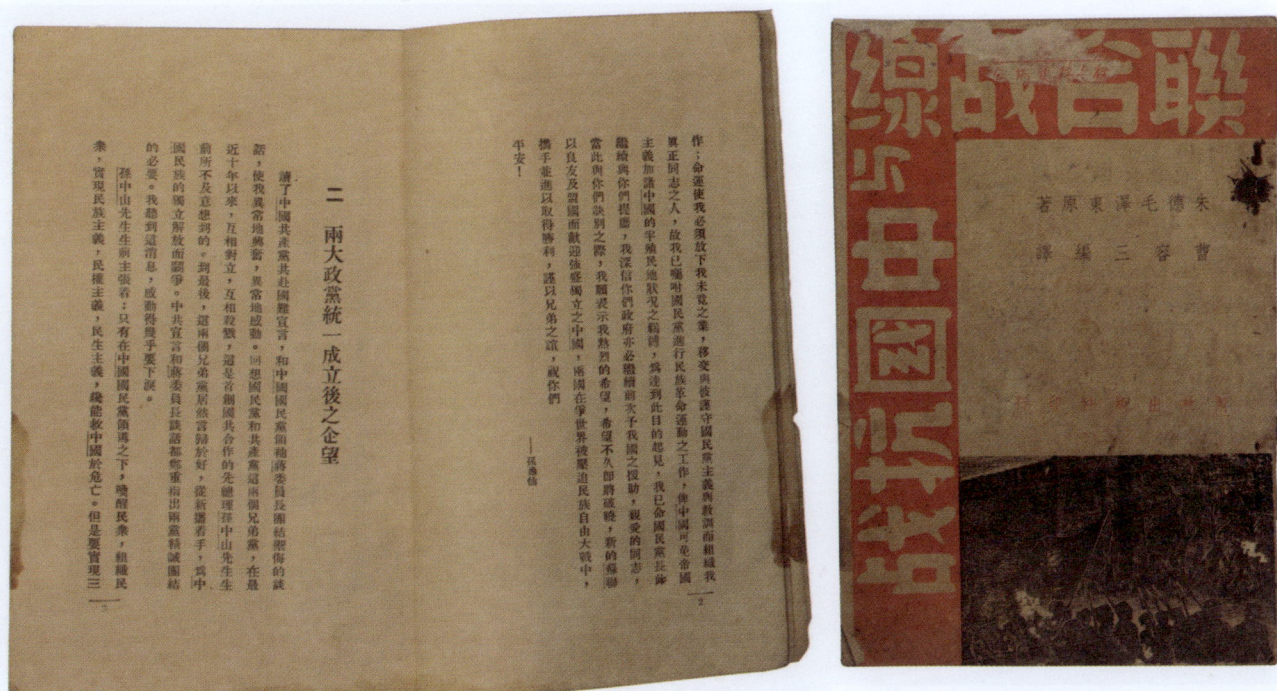

1937 年 11 月解放军出版社印行《联合战线与中国抗战》

1937年11月朱德著《抗战到底》

具体年代	抗日战争时期（1937 年 11 月）
文物类别	古籍图书
质　　地	纸质
具体尺寸	纵 18.50cm，横 12.50cm
质　　量	0.033kg
完残程度	残缺

　　《抗战到底》1937 年 11 月由朱德著，上海国难研究所发行，双面印铅，封面封底连同正文共计 56 页，内含"日本并不是那么可怕的魔鬼""抗战是唯一的出路"等栏目。

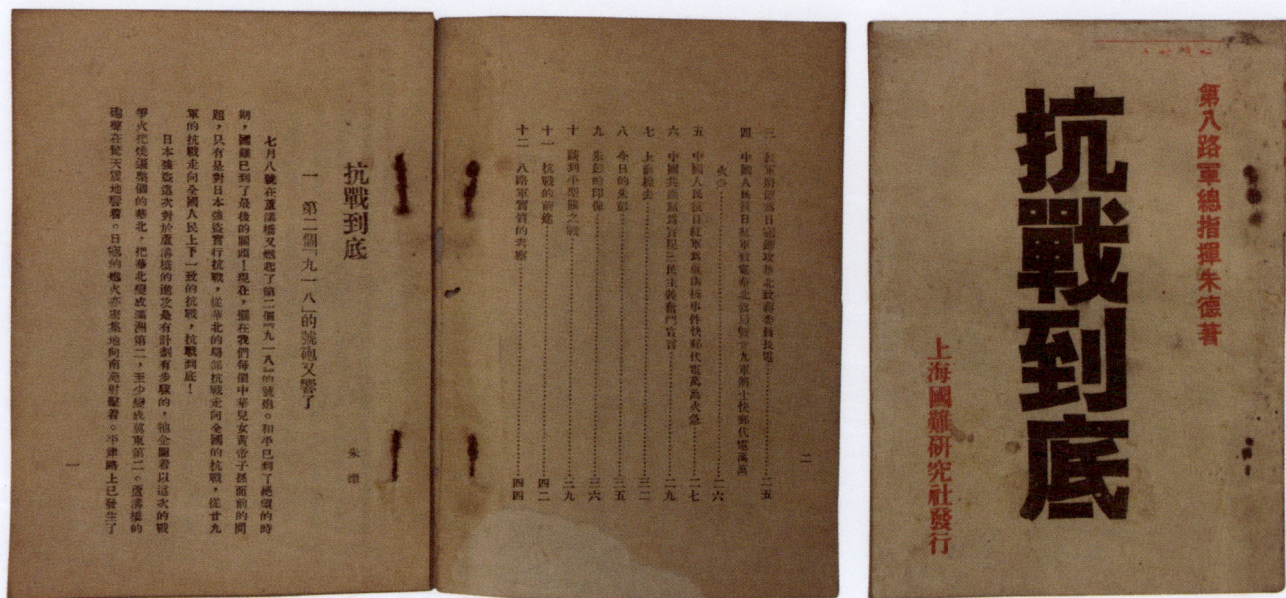

1937 年 11 月朱德著《抗战到底》

1938 年 1 月上海生活出版社发行，梦秋编著
《随军西行见闻录》

具体年代 抗日战争时期（1938 年 1 月初版）
文物类别 古籍图书
质　地 纸质
具体尺寸 纵 18.60cm，横 13.20cm
质　量 0.083kg
完残程度 残缺

　　《随军西行见闻录》由梦秋编著，1938 年 1 月上海生活出版社发行，双面印铅，封面封底连同正文共计 118 页，有"抢桥故事"和"实施人物""女英雄们""征程插话"等栏目。是研究我国抗日战争时期的重要历史资料。

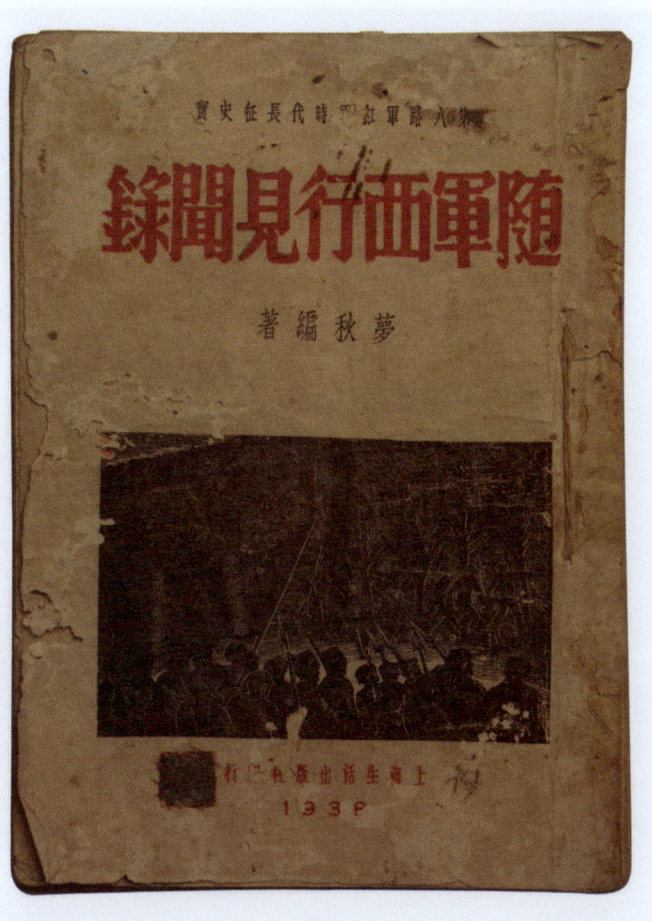

1938 年 1 月上海生活出版社发行，梦秋编著《随军西行见闻录》

1938年2月由延安解放社再版雅洛曼绥夫著《列宁主义初步》

具体年代 抗日战争时期（1938年2月）
文物类别 古籍图书
质　　地 纸质
具体尺寸 纵 18.50cm，横 12.50cm
质　　量 0.203kg
完残程度 残缺

　　《列宁主义初步》，1938年2月出版，系长方形，双面印铅，标题红色书体《列宁主义初步》，黑体印"雅洛曼绥夫著""解放社出版"字样，素描列宁头像，封面封底连同正文共计288页。内有"党与阶级""资本主义社会""帝国主义——资本主义最后的阶段""过渡时期""党的经济政策之基础""党在工作方面的任务"等栏目。

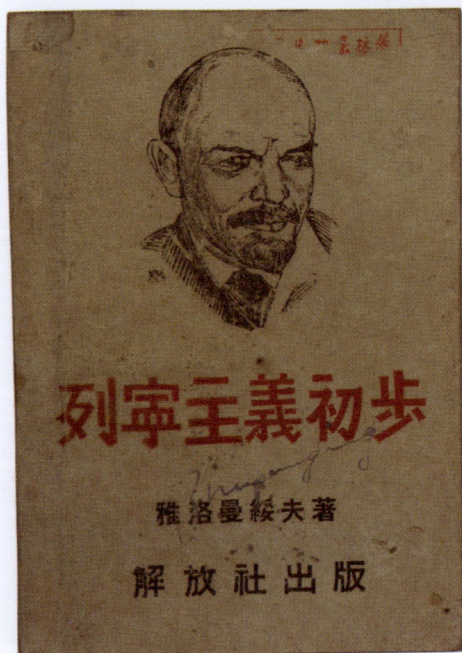

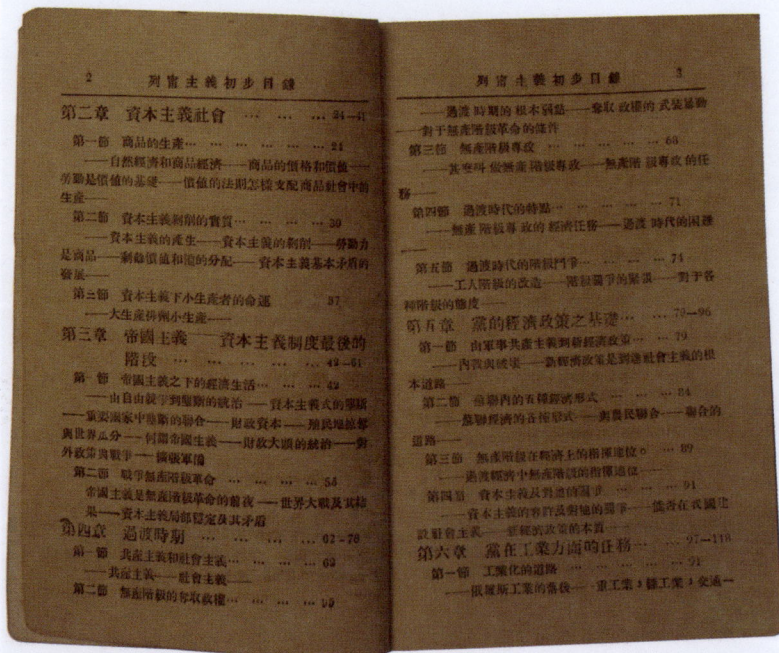

1938 年 2 月由延安解放社再版雅洛曼绥夫著《列宁主义初步》

1938 年 3 月汉口大时代书店发行，陈雅令著
《游击战术与游击队》

具体年代 抗日战争时期（1938 年 3 月）

文物类别 古籍图书

质　　地 纸质

具体尺寸 纵 17.50cm，横 13.00cm

质　　量 0.057kg

完残程度 残缺

　　《游击战术与游击队》，1938 年 3 月出版。汉口大时代书店发行，系长方形，双面铅印，封面封底连同正文共计 88 页，内含"游击战术""游击运动""抗日游击队"等栏目。

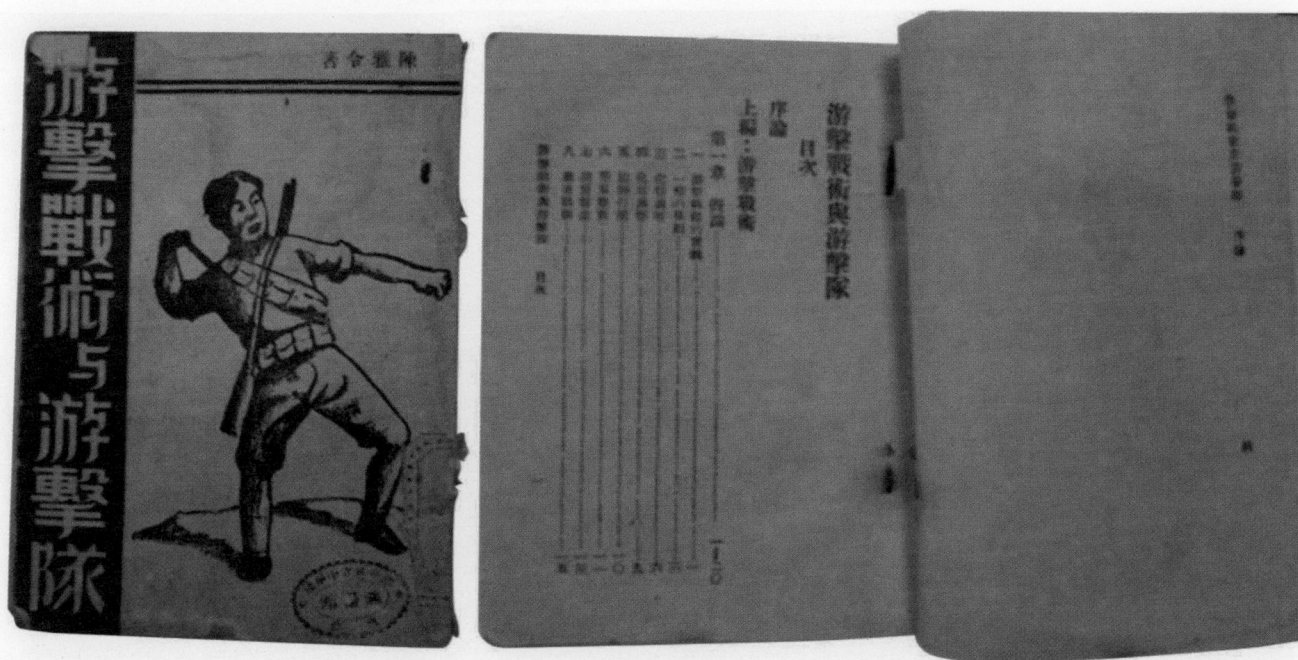

1938 年 3 月汉口大时代书店发行，陈雅令著《游击战术与游击队》

1938 年 11 月吴黎平译
《社会主义从空想到科学的发展》

具体年代 抗日战争时期（1938 年 11 月）
文物类别 古籍图书
质　　地 纸质
具体尺寸 纵 18.50cm，横 13.00cm
质　　量 0.071kg
完残程度 残缺

　　《社会主义从空想到科学的发展》由吴黎平译，1938 年 11 月发行，系长方形，双面印铅，封面封底连同正文共计 136 页，有"恩格斯序""空想社会主义""辩证法唯物论和剩余价值论的形成——从空想到科学"科学的社会主义"等栏目。

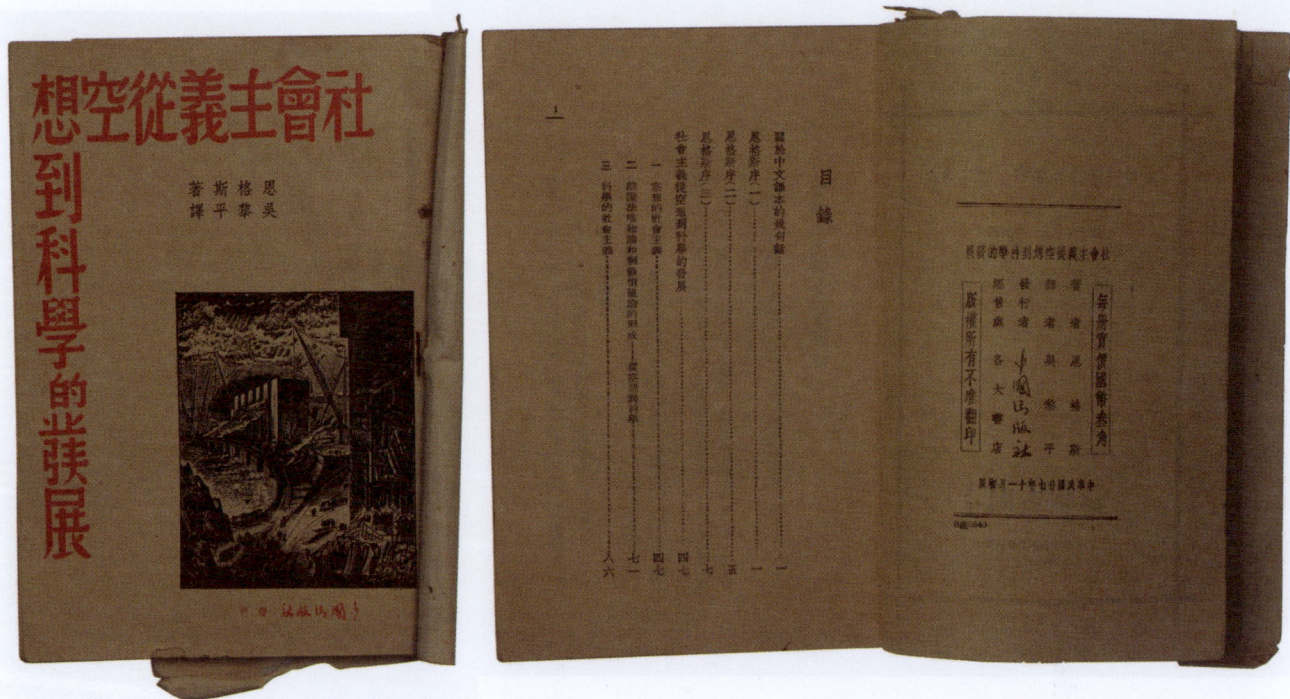

1938 年 11 月吴黎平译《社会主义从空想到科学的发展》

1937年11月福建省抗日救援会龙溪分会宣传工作团印
《救亡民歌》

具体年代	抗日战争时期（1937年11月）
文物类别	文件、宣传品
质 地	纸质
具体尺寸	纵15.60cm，横10.10cm
质 量	0.038kg
完残程度	基本完整

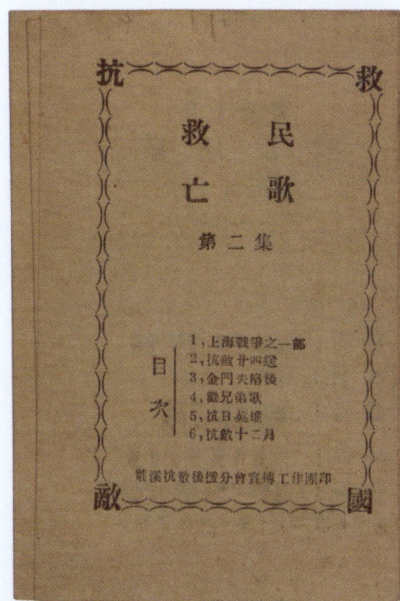

　　《救亡民歌》1937年11月印行，系长方形，双面油印，收录有"金门失陷后""抗日英雄"等6首闽南地区群众抗日救亡歌曲。

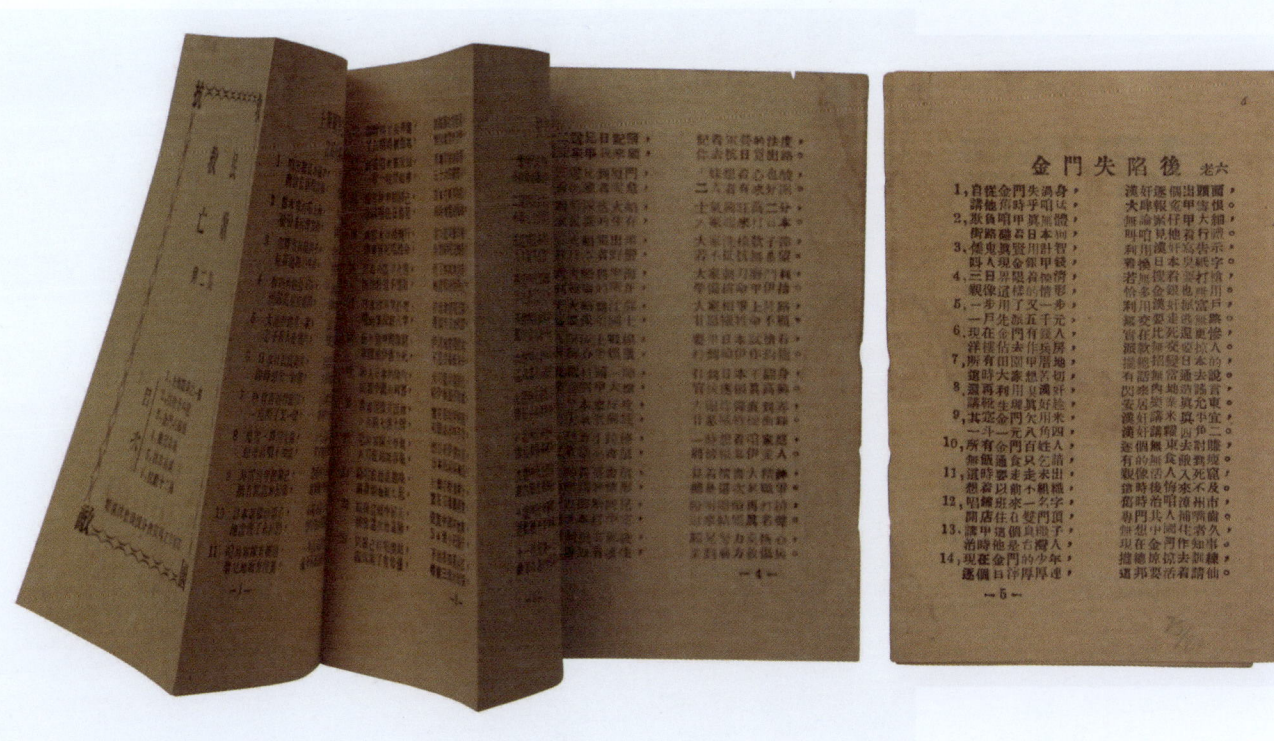

1937年11月福建省抗日救援会龙溪分会宣传工作团印《救亡民歌》

福建省抗敌后援会平和县分会徽章

具体年代	抗日战争时期（1938 年）
文物类别	文件、宣传品
质　　地	铜
具体尺寸	直径 3.10cm，厚 0.20cm
质　　量	0.007 kg
完残程度	基本完整

　　福建省抗敌后援会平和县分会徽章，铜质模制片状圆形章样，背面有锈斑，正面上方有挂钮，两道凸弦纹窄边，中央为展示手扛长枪作冲锋状，上有铭文"福建省抗敌后援会平和县分会"。

福建省抗敌后援会平和县分会徽章

1937 年 12 月 30 日福建省抗日救援会平和分会宣传部编印的《抗敌歌谣》第一集

具体年代 抗日战争时期 (1937 年 12 月 30 日)
文物类别 文件、宣传品
质　　地 纸质
具体尺寸 纵 13.40cm，横 9.30cm
质　　量 0.007kg
完残程度 基本完整

　　《抗敌歌谣》于 1937 年 12 月 30 日由福建省抗日救援会平和分会宣传部编印，系长方形，毛边纸印刷装订本，封面封底连同目录、正文共计 18 页。内页第一张是"抗敌歌谣"的目录，收录了"滚滚滚""走走走"等歌谣。

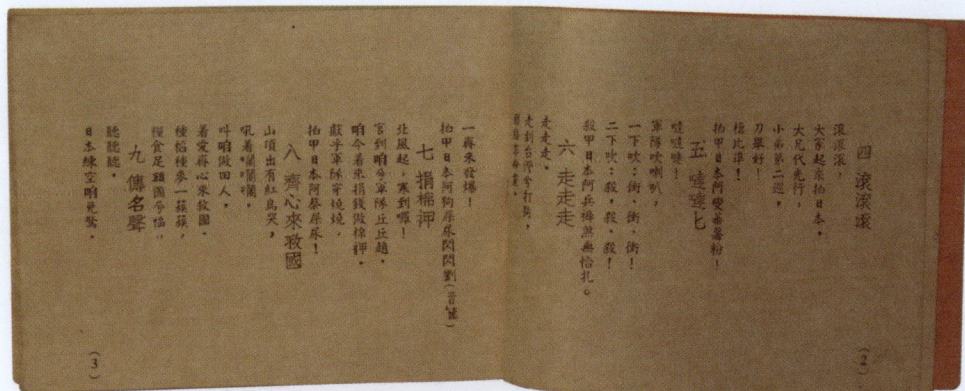

1937 年 12 月 30 日福建省抗日救援会平和分会宣传部编印的《抗敌歌谣》第一集

1937年12月11日群众周刊社发行的《群众周刊》创刊号

具体年代 抗日战争时期（1937年12月11日）

文物类别 文件、宣传品

质　　地 纸质

具体尺寸 纵25.70cm，横18.70cm

质　　量 0.020kg

完残程度 基本完整

　　《群众周刊》创刊号于1937年12月11日由新昌印书馆印行，系长方形，双面铅印，封面封底共计8页。其主要栏目是社论，收录有周恩来《目前抗战危机与坚持华北抗战的任务》等文章。

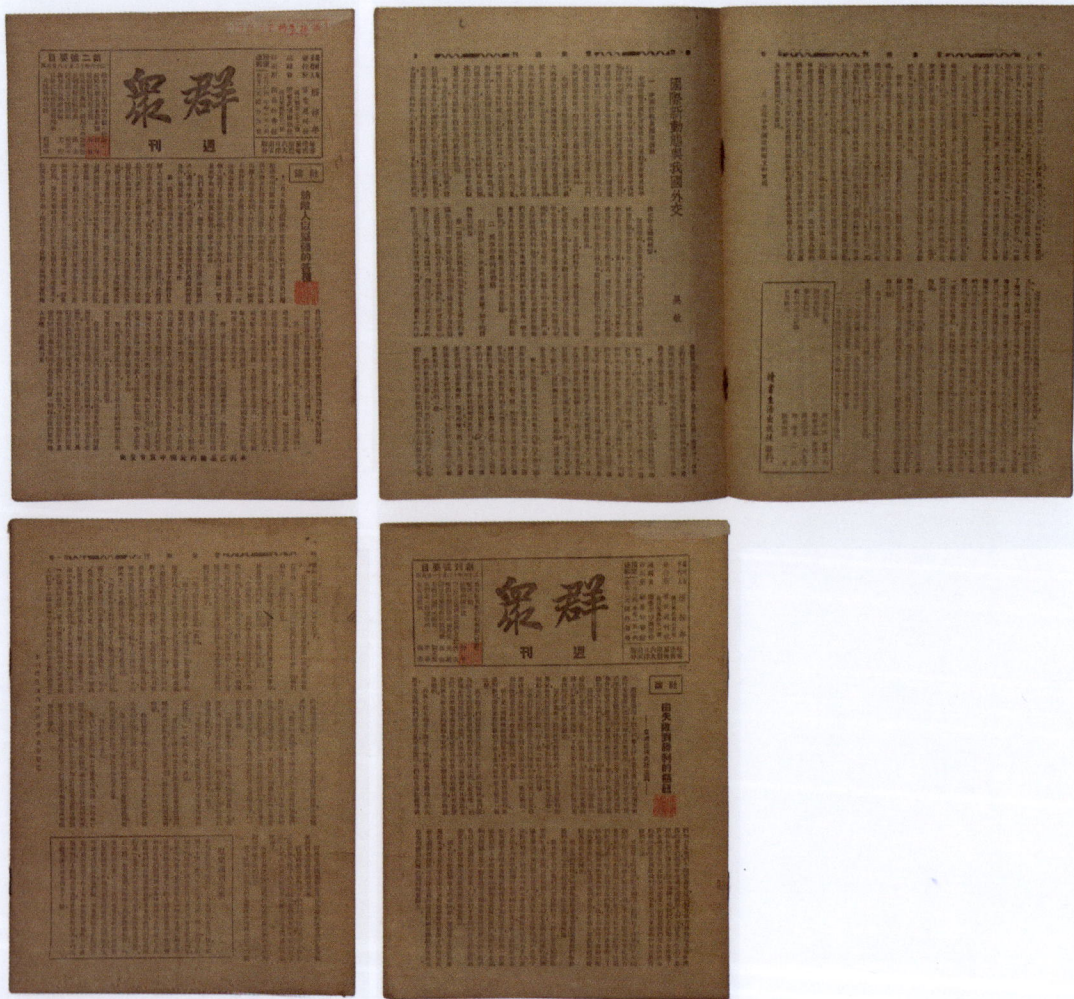

1937年12月11日群众周刊社发行的《群众周刊》创刊号

1939年1月1日由抗敌导报社发行的《抗敌导报》

具体年代	抗日战争时期（1939年1月1日）
文物类别	文件、宣传品
质　地	纸质
具体尺寸	纵26.90cm，横19.00cm
质　量	0.026kg
完残程度	基本完整

　　《抗敌导报》于1939年1月1日印行，以福建省抗敌后援会厦门分会宣传部的名义正式出版，主编洪学礼，主要刊载政论文章。

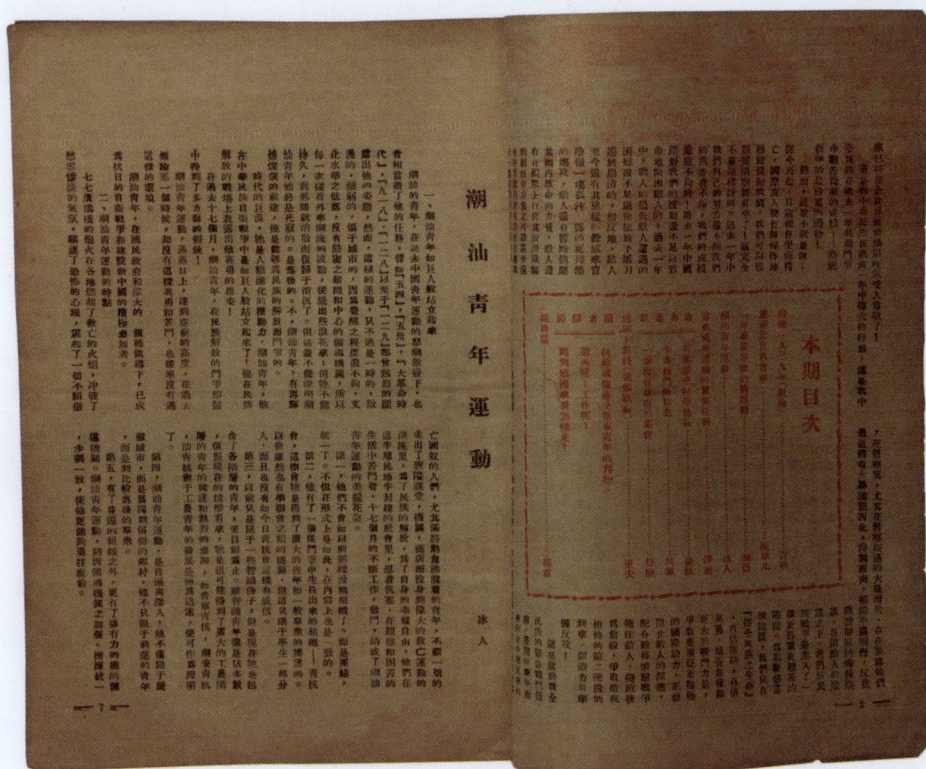

1939年1月1日由抗敌导报社发行的《抗敌导报》

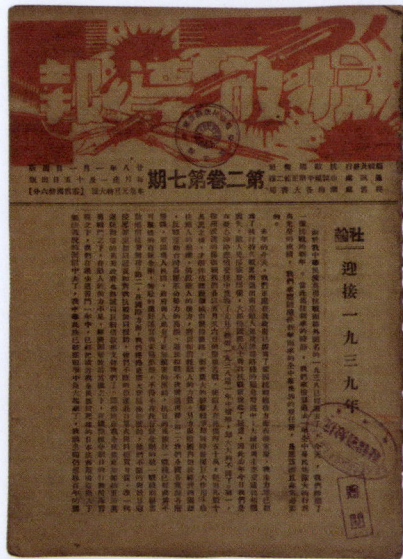

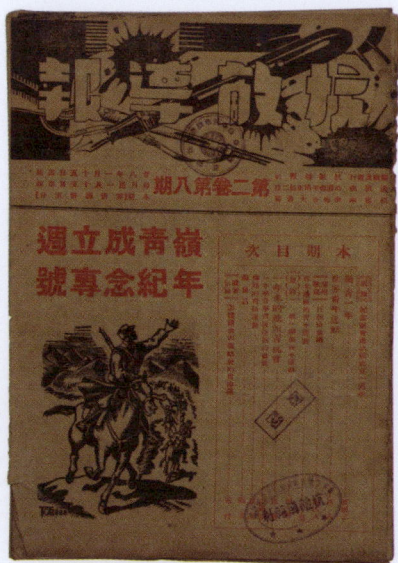

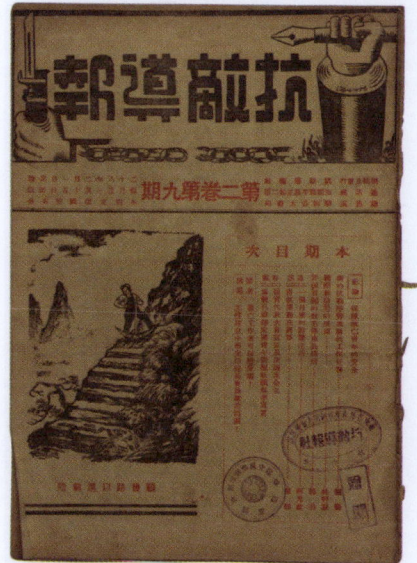

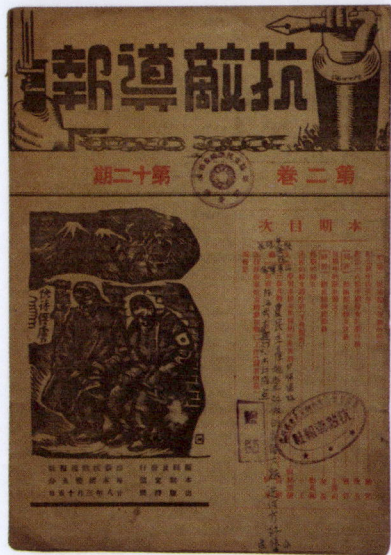

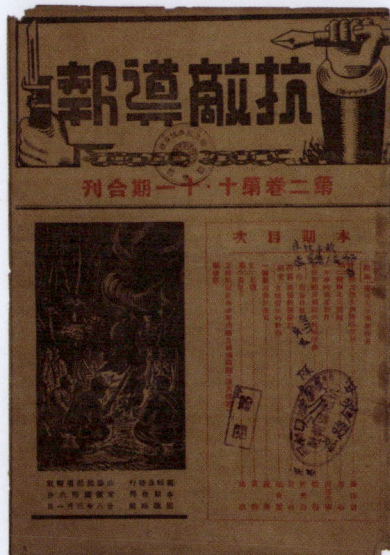

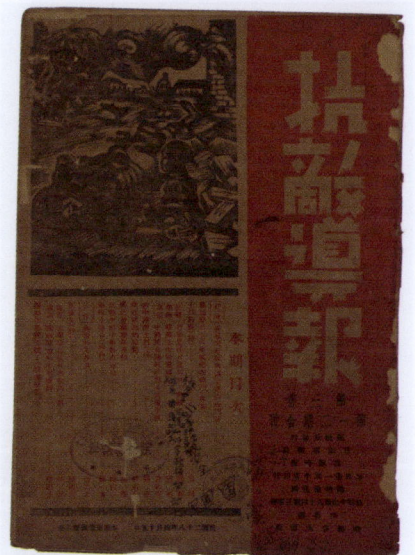

1939年1月1日由抗敌导报社发行的《抗敌导报》

1937年11月福建省抗敌后援会厦门分会筹款慰劳抗敌将士公演特刊

具体年代 抗日战争时期（1937年11月）
文物类别 文件、宣传品
质　　地 纸质
具体尺寸 纵31.80cm，横47.40cm
质　　量 0.009kg
完残程度 残缺

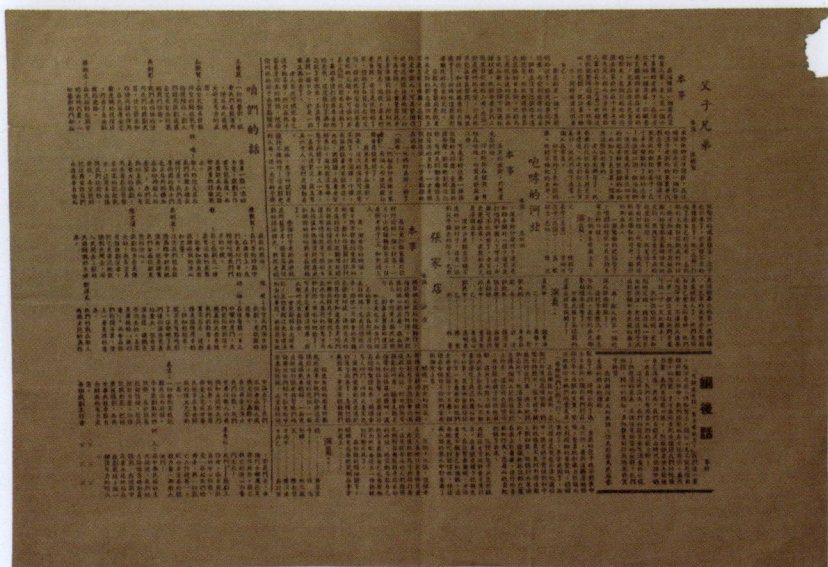

1937年11月福建省抗敌后援会厦门分会筹款慰劳抗敌将士公演特刊

1938年9月16日前驱社发行的《前驱》第九期"九一八"七周年纪念专刊

具体年代 抗日战争时期（1938年9月16日）

文物类别 文件、宣传品

质　　地 纸质

具体尺寸 纵26.20cm，横18.70cm

质　　量 0.019kg

完残程度 残缺

　　《前驱》第九期"九一八"七周年纪念专刊，1938年9月16日由前驱社发行，系长方形，毛边纸，双面铅印，封面封底连同正文共计21页。内含"闽西南目前形势我们应该有的努力""保卫福建与加强抗日党派的团结""怎样进行当前的群众工作""中共闽西南特委恢复龙永部分同志的疑问"等内容。

1938年9月16日前驱社发行的《前驱》第九期"九一八"七周年纪念专刊

芗潮剧社的徽章

具体年代	抗日战争时期
文物类别	文件、宣传品
质　　地	铜
具体尺寸	通长 2.80cm，通宽 2.47cm，直径 2.40cm，厚 0.30cm
质　　量	0.007kg
完残程度	基本完整

芗潮剧社的徽章

柯联魁使用的漳州各界抗敌后援会出入证

具体年代	抗日战争时期
文物类别	文件、宣传品
质　　地	棉麻纤维
具体尺寸	通长 6.53cm，通高 4.55cm
质　　量	0.002kg
完残程度	基本完整

柯联魁使用的漳州各界抗敌后援会出入证

第四章

解放战争时期

（1945.8-1949.10）

抗日战争胜利后，闽南支队创建。1949年1月，闽南支队改编为中国人民解放军闽粤赣边区纵队第八支队。人民武装以乌山、山内为中心，坚持游击战争，活动区域遍及诏安、平和、云霄、南靖、龙溪、海澄等100多个乡镇和晋江地区的一些乡镇。在解放大军南下前夕，人民武装迫使平和县国民党政府起义，并配合南下大军攻占南靖、长泰、东山等县，解放漳州地区、龙海、海澄等县。1950年5月，漳州迎来了全境的解放。

第一至第五分队队员表

具体年代 解放战争时期
文物类别 档案文书
质　　地 纸质
具体尺寸 纵 15.50cm，横 18.50cm
质　　量 0.072kg
完残程度 基本完整

第一至第五分队队员表

1948 年 6 月人民解放军闽南支队靖和游击独立大队 6、7、8 月份薪俸造报册

具体年代 解放战争时期（1948 年 6 月）

文物类别 档案文书

质　　地 纸质

具体尺寸 纵 22.50cm，横 30.10cm

质　　量 0.103kg

完残程度 残缺

1948 年 6 月人民解放军闽南支队靖和游击独立大队 6、7、8 月份薪俸造报册

1948 年 12 月云霄县人
罗亚猫的"新党员入党登记表"

具体年代 解放战争时期（1948 年 12 月）
文物类别 档案文书
质　　地 纸质
具体尺寸 纵 18.00cm，横 21.50cm
质　　量 0.014kg
完残程度 基本完整

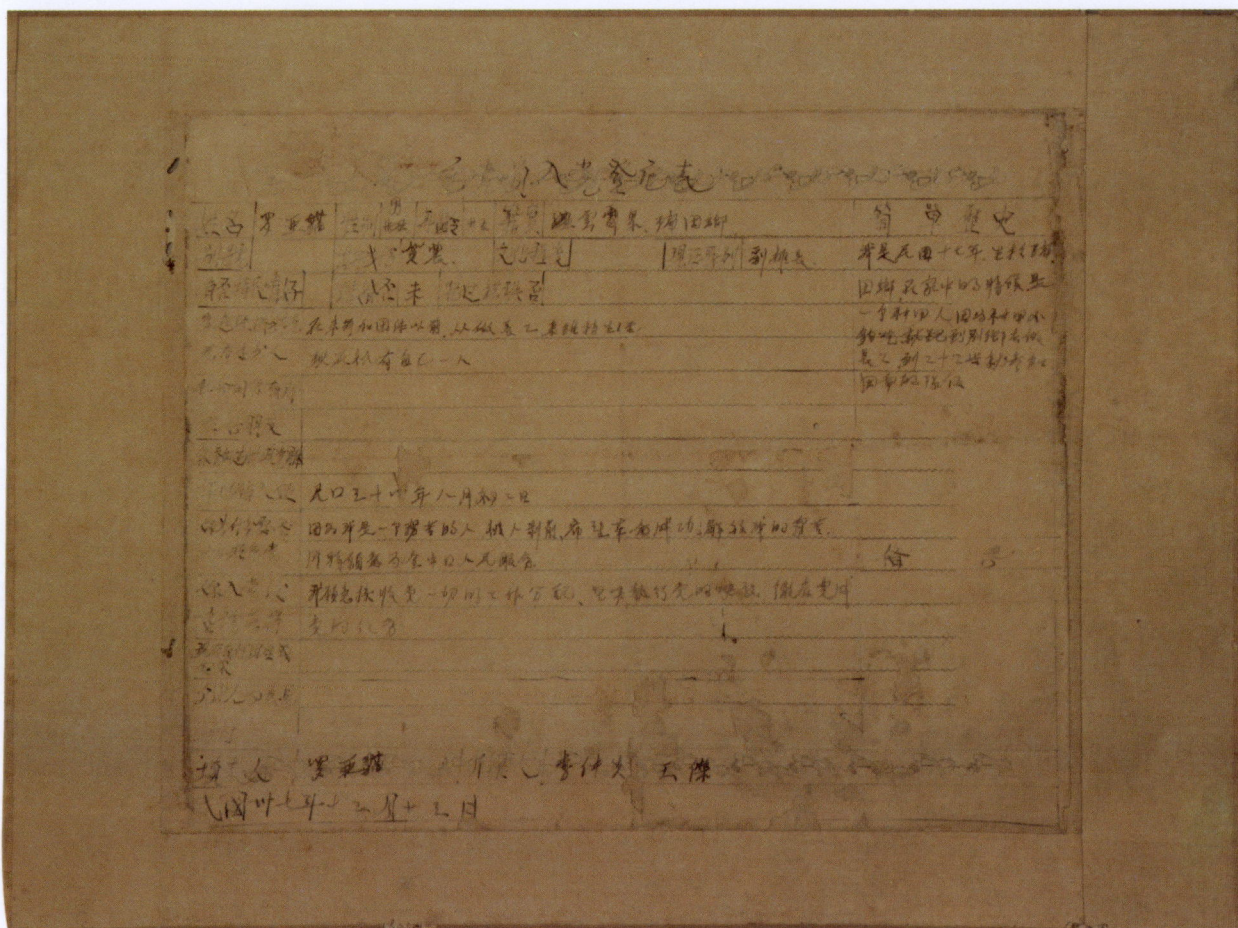

1948 年 12 月云霄县人罗亚猫的"新党员入党登记表"

《关于城市的调查研究大纲》

具体年代 解放战争时期

文物类别 文件、宣传品

质　　地 纸质

具体尺寸 纵 21.00cm，横 13.50cm

质　　量 0.051kg

完残程度 基本完整

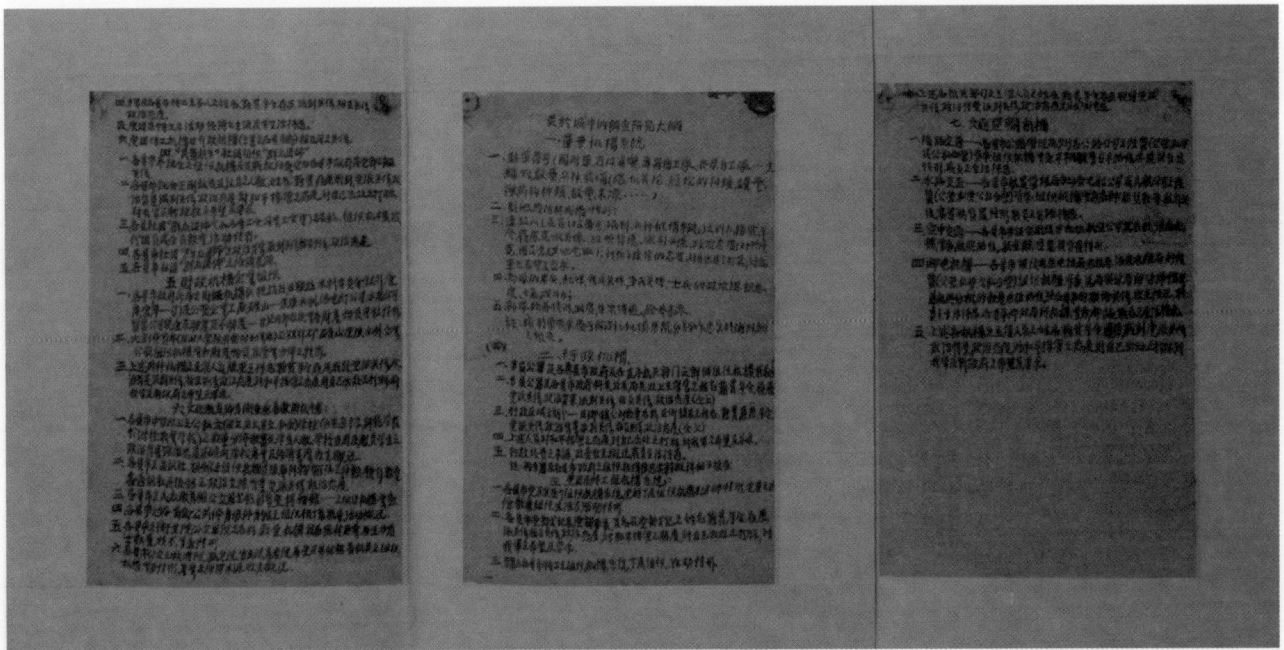

《关于城市的调查研究大纲》

我方"关于率部起义者"内部掌握的政策文件

具体年代	解放战争时期
文物类别	文件、宣传品
质　　地	纸质
具体尺寸	纵 33.00cm，横 12.00cm
质　　量	0.017kg
完残程度	基本完整

我方"关于率部起义者"内部掌握的政策文件

中国人民解放军闽南支队写的标语

具体年代 解放战争时期
文物类别 文件、宣传品
质　　地 纸质
具体尺寸 纵 52.00cm，横 26.00cm
质　　量 0.035kg
完残程度 残缺

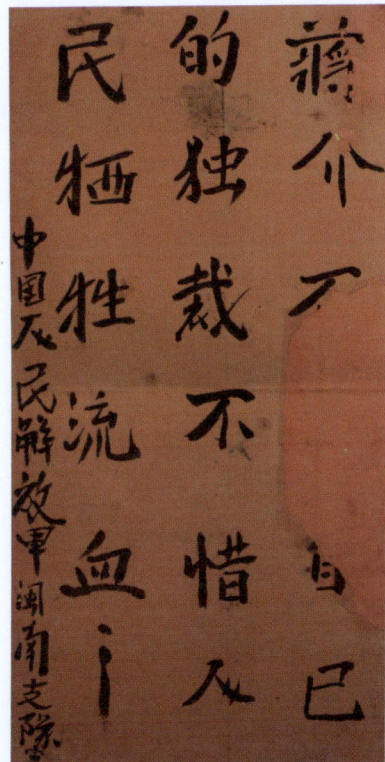

中国人民解放军闽南支队写的标语

龙溪县军管会吴潮水证章

具体年代 解放战争时期
文物类别 名人遗物
质　　地 棉麻纤维
具体尺寸 纵 6.20cm，横 9.20cm
质　　量 0.003kg
完残程度 基本完整

龙溪县军管会吴潮水证章

人民解放军闽南支队队字第十五号捐募收据

具体年代	解放战争时期
文物类别	票据
质　　地	纸质
具体尺寸	纵 20.00cm，横 26.00cm
质　　量	0.013kg
完残程度	基本完整

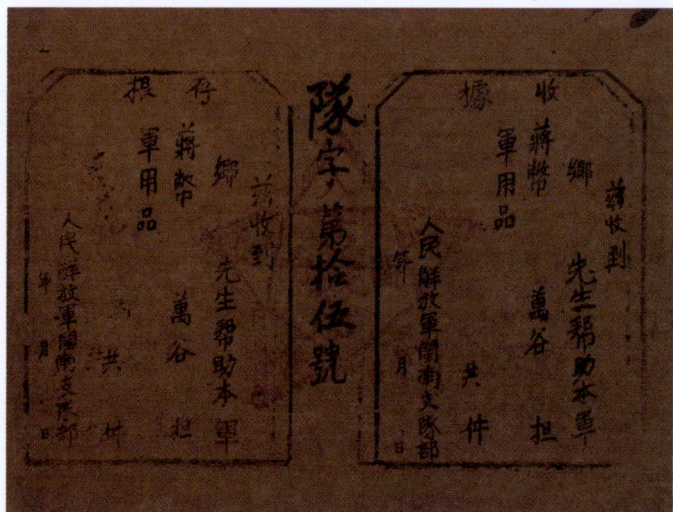

人民解放军闽南支队队字第十五号捐募收据

吴扬给周仓同志关于军用物质的收条手稿

具体年代	解放战争时期
文物类别	票据
质　　地	纸质
具体尺寸	纵 21.00cm，横 18.50cm
质　　量	0.001kg
完残程度	残缺

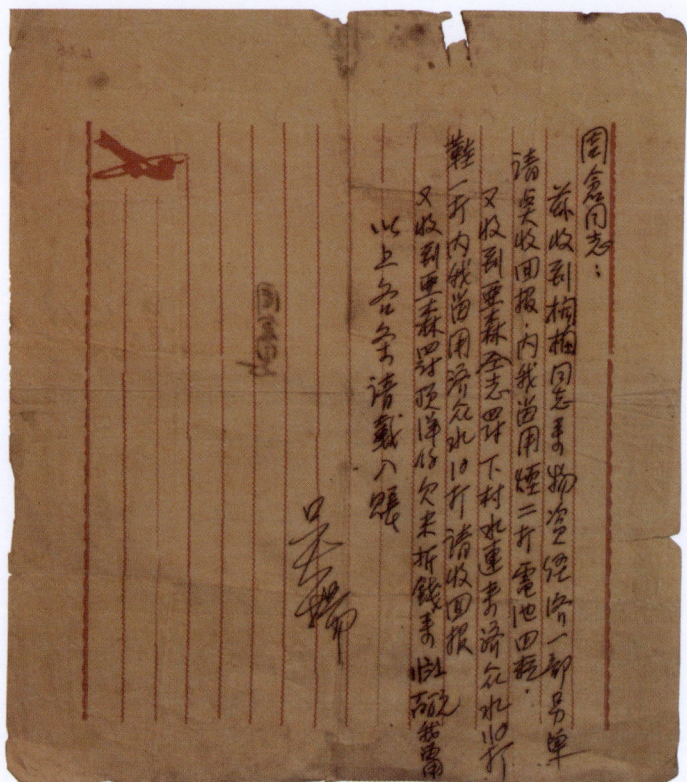

吴扬给周仓同志关于军用物质的收条手稿

厦门大学情况手稿

具体年代 解放战争时期

文物类别 文件、宣传品

质　　地 纸质

具体尺寸 纵 14.00cm，横 19.50cm

质　　量 0.006kg

完残程度 基本完整

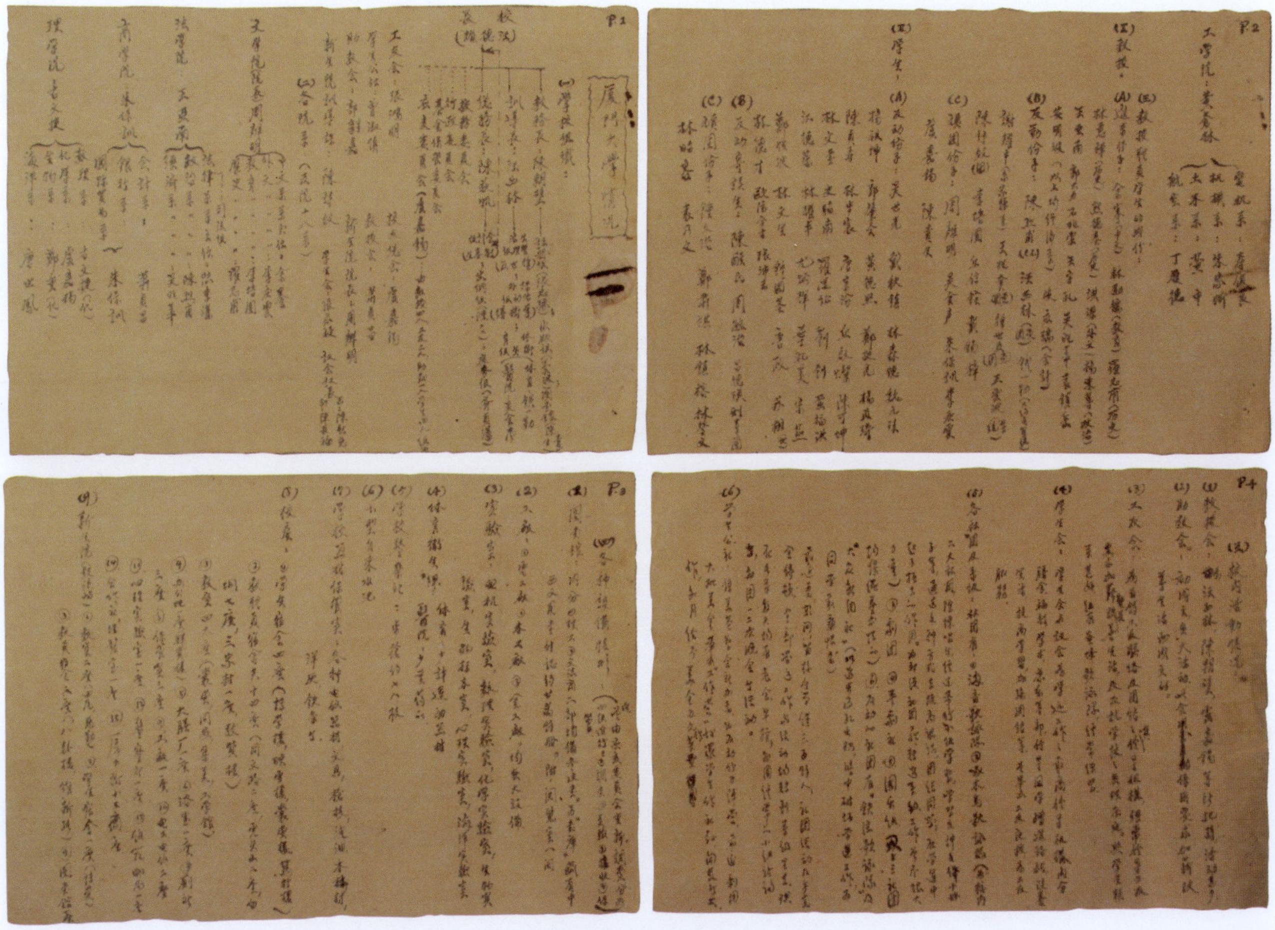

厦门大学情况手稿

中国人民解放军闽粤边纵队
永定县军管会路条

具体年代 解放战争时期

文物类别 文件、宣传品

质　　地 纸质

具体尺寸 纵 27.20cm，横 18.00cm

质　　量 0.002kg

完残程度 残缺

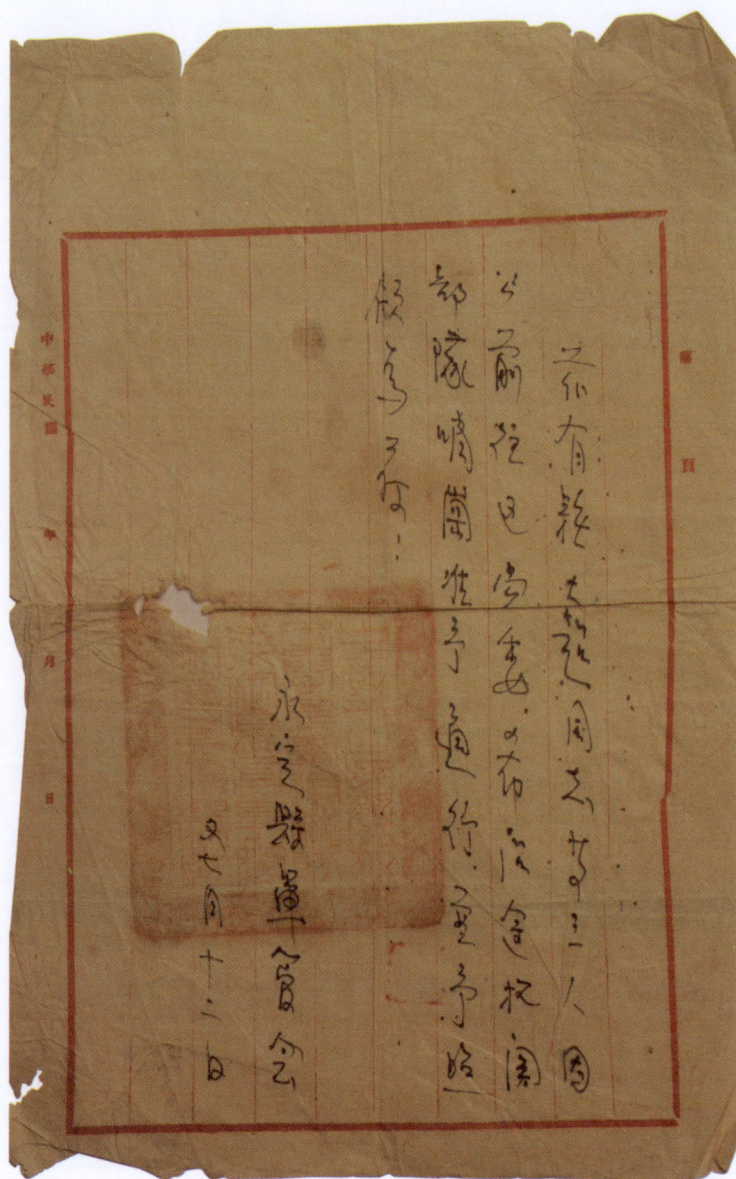

中国人民解放军闽粤边纵队永定县军管会路条

交通部第六区电信管理局
第六线务段报话线路巡护图

具体年代 解放战争时期（1946 年 5 月 12 日）

文物类别 档案文书

质　　地 纸质

具体尺寸 纵 45.00cm，横 62.00cm

质　　量 0.014kg

完残程度 残缺

交通部第六区电信管理局第六线务段报话线路巡护图

1946年8月12日
反动派在华南的扫荡政策

具体年代 解放战争时期（1946年8月12日）

文物类别 文件、宣传品

质　　地 纸质

具体尺寸 纵 56.00cm，横 20.00cm

质　　量 0.034kg

完残程度 残缺

1946年8月12日反动派在华南的扫荡政策

1947年5月3日中国人民解放军闽南支队关于周仓同志的任命书

具体年代 解放战争时期（1947年5月3日）
文物类别 文件、宣传品
质　　地 纸质
具体尺寸 纵21.00cm，横18.00cm
质　　量 0.001kg
完残程度 残缺

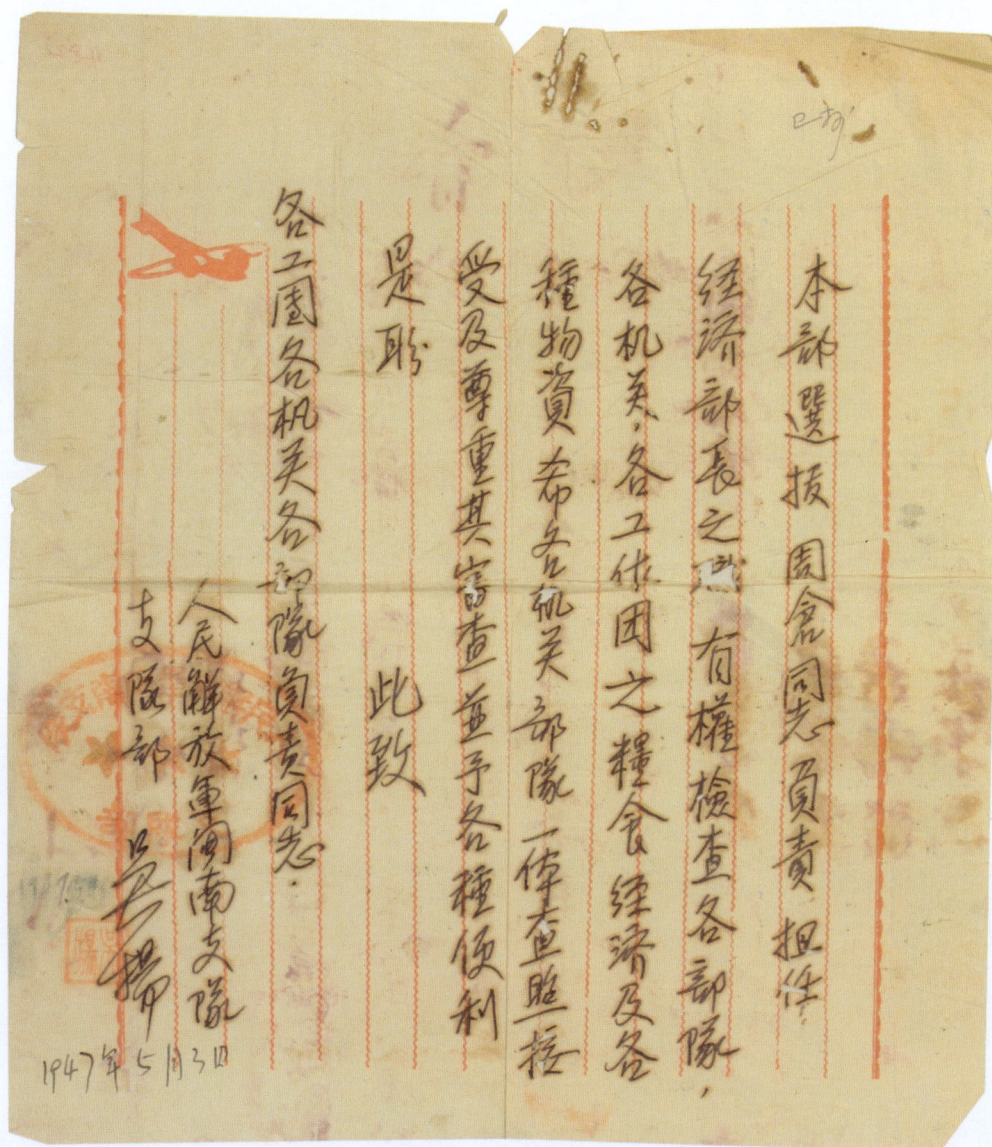

1947年5月3日中国人民解放军闽南支队关于周仓同志的任命书

1947 年 9 月
冀中新华书店出版，
华应申编《中国共产党烈士传》

具体年代	解放战争时期（1947 年 9 月）
文物类别	古籍图书
质　　地	纸质
具体尺寸	纵 17.50cm，横 12.50cm
质　　量	0.100kg
完残程度	残缺

1947 年 9 月冀中新华书店出版，华应申编《中国共产党烈士传》

1947 年 9 月 2 日
山东人民解放军五师十四团司令部政治处
赠给马竹三同志的"功劳证"

具体年代	解放战争时期（1947 年 9 月 2 日）
文物类别	文件、宣传品
质　　地	纸质
具体尺寸	纵 9.60cm，横 13.80cm
质　　量	0.001kg
完残程度	残缺

1947 年 9 月 2 日山东人民解放军五师十四团司令部政治处赠给马竹三同志的"功劳证"

1947年11月闽粤赣边区人民解放军口号

具体年代 解放战争时期（1947年11月）

文物类别 文件、宣传品

质　　地 纸质

具体尺寸 纵17.00cm，横24.00cm

质　　量 0.012kg

完残程度 残缺

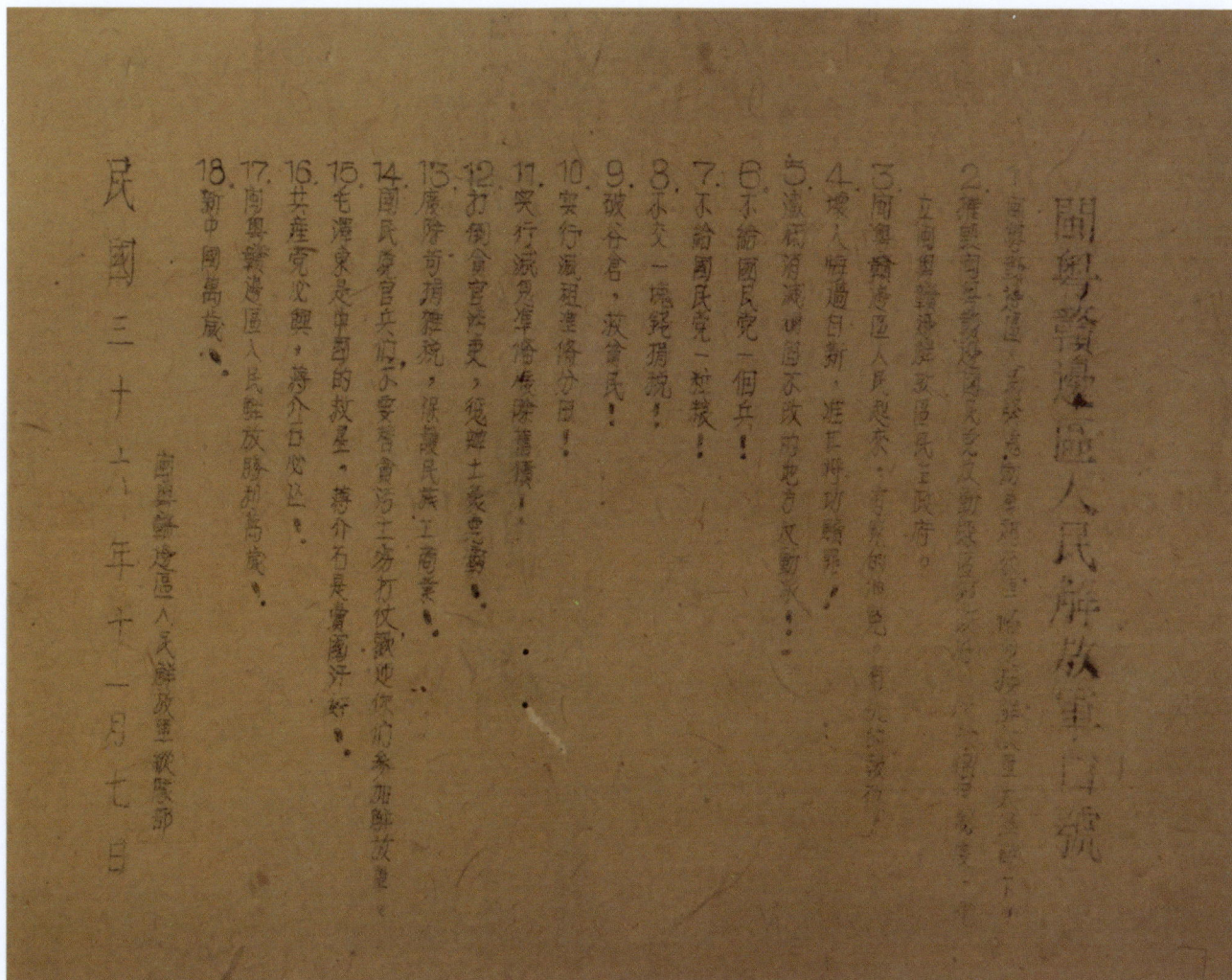

1947年11月闽粤赣边区人民解放军口号

1947年11月30日
新民主出版社印行《新民主》旬刊

具体年代 解放战争时期（1947年11月30日）

文物类别 文件、宣传品

质　　地 纸质

具体尺寸 纵40.00cm，横54.00cm

质　　量 0.078kg

完残程度 残缺

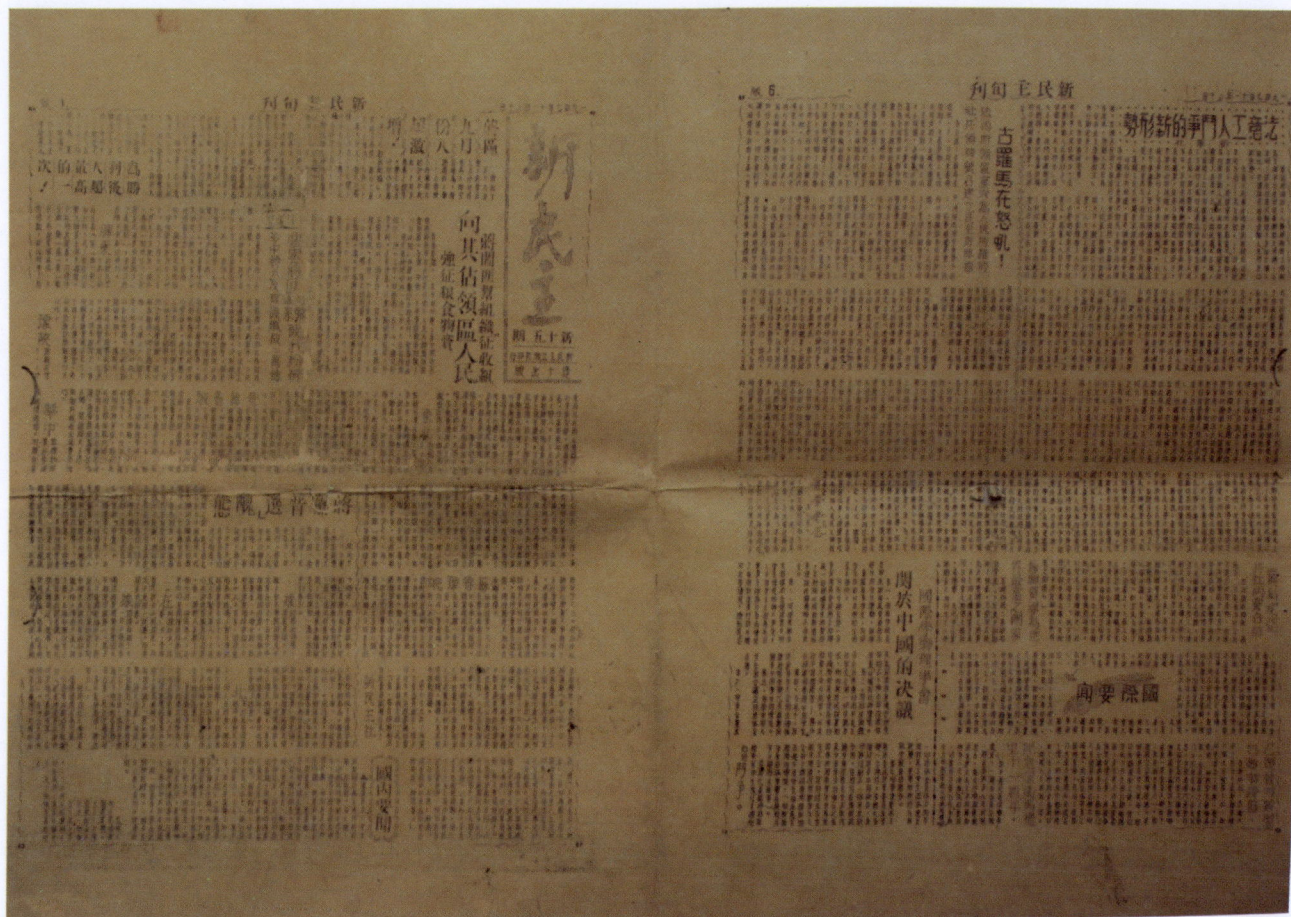

1947年11月30日新民主出版社印行《新民主》旬刊

人民解放军闽南支队支队部募捐军粮信

具体年代 解放战争时期（1948 年）

文物类别 文件、宣传品

质　　地 纸质

具体尺寸 纵 22.00cm，横 15.00cm

质　　量 0.023kg

完残程度 基本完整

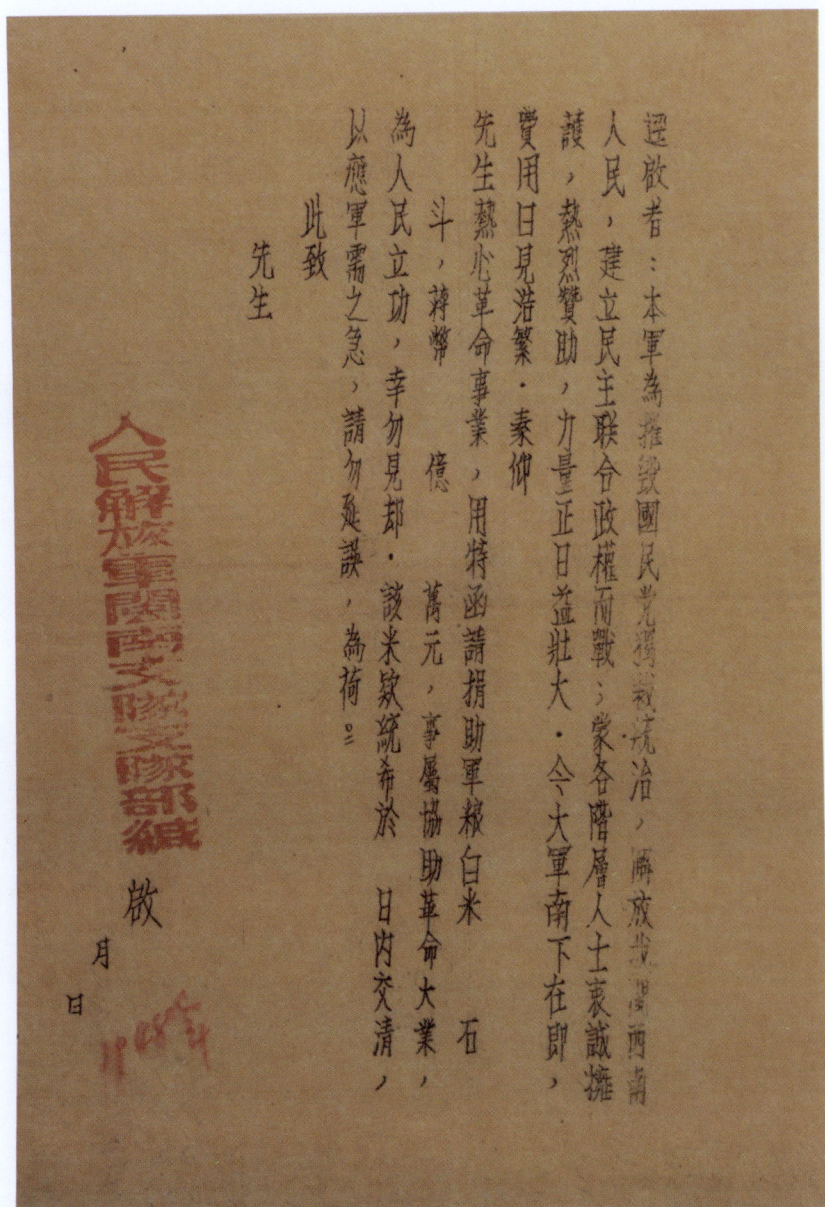

人民解放军闽南支队支队部募捐军粮信

1948 年 4 月 1 日
中国人民解放军闽粤赣边纵队编《翻身》半月刊

具体年代 解放战争时期（1948 年）

文物类别 文件、宣传品

质　　地 纸质

具体尺寸 纵 21.70cm，横 35.00cm

质　　量 0.055kg

完残程度 残缺

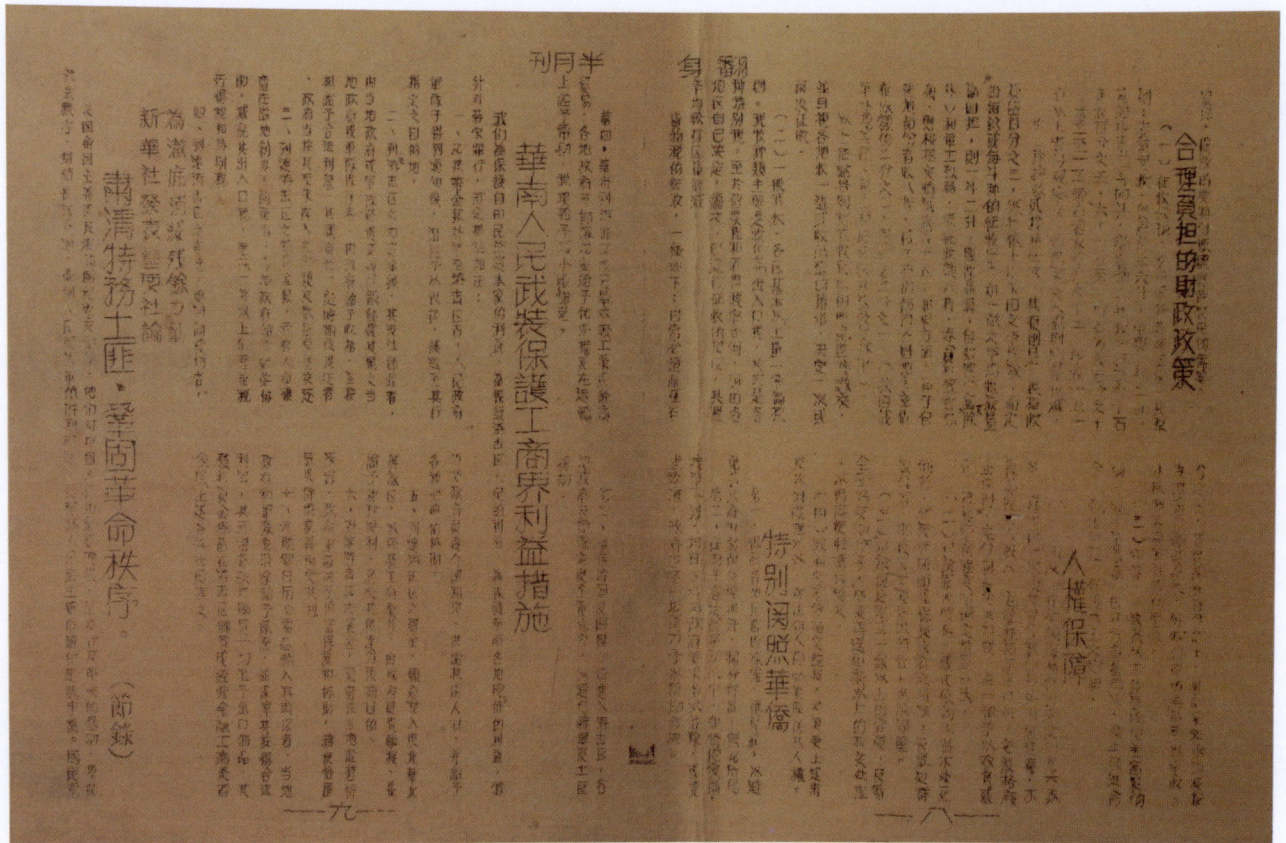

1948 年 4 月 1 日中国人民解放军闽粤赣边纵队编《翻身》半月刊

漳浦县草图

具体年代 解放战争时期（1949 年）
文物类别 档案文书
质　　地 纸质
具体尺寸 纵 21.30cm，横 18.20cm
质　　量 0.022kg
完残程度 基本完整

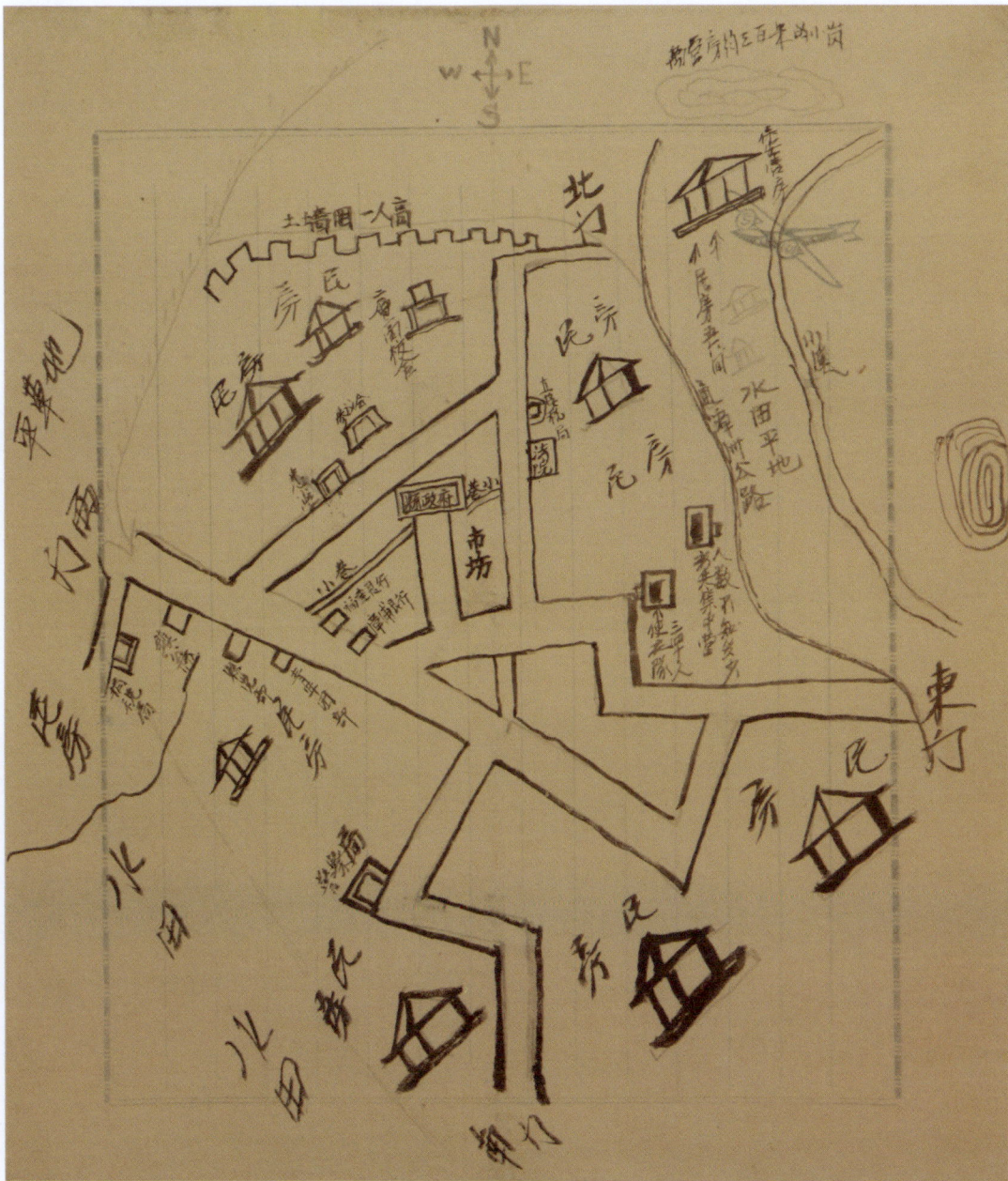

漳浦县草图

云霄县草图

具体年代 解放战争时期（1949 年）

文物类别 档案文书

质　　地 纸质

具体尺寸 纵 28.90cm，横 27.80cm

质　　量 0.032kg

完残程度 基本完整

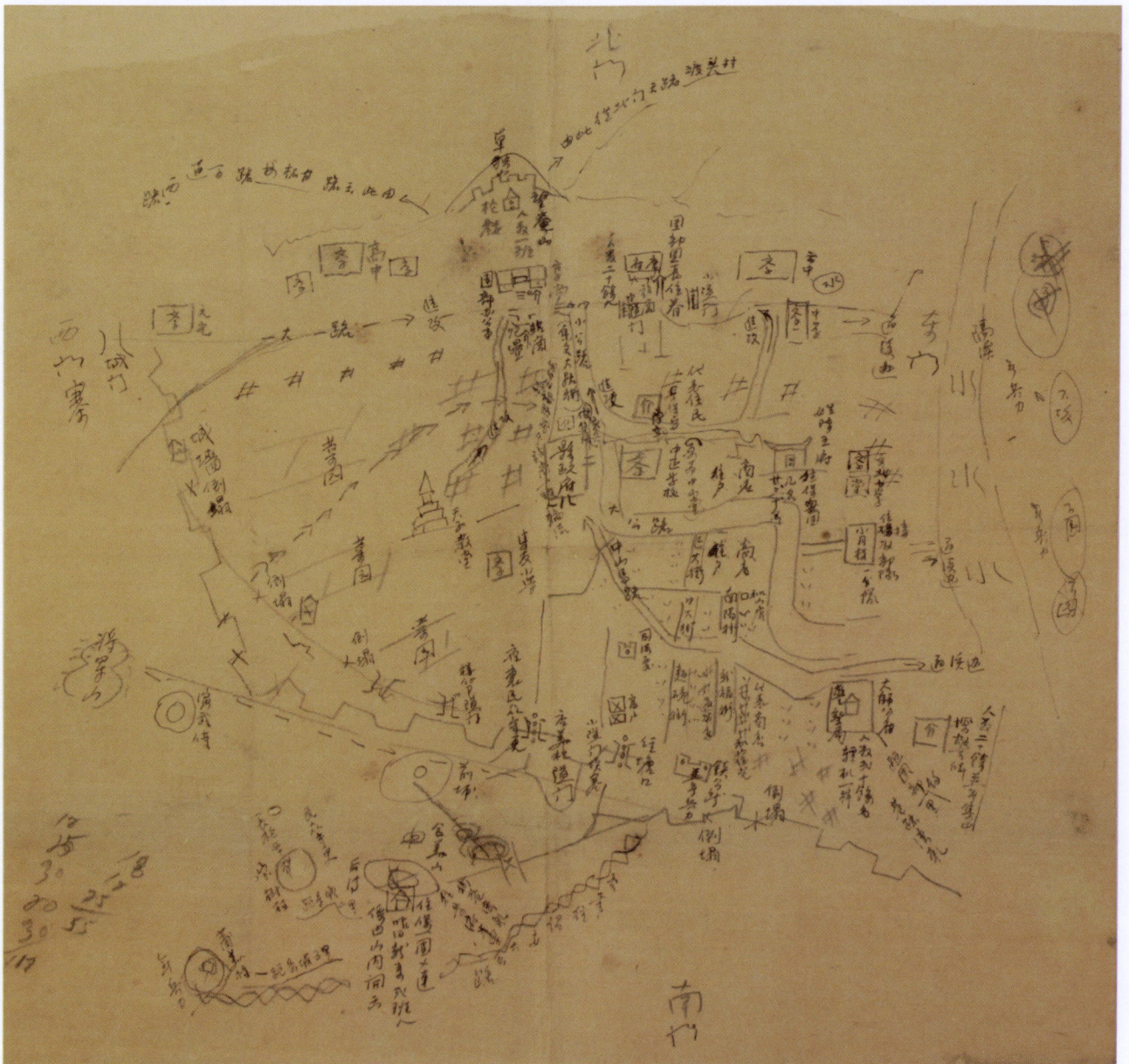

云霄县草图

平和县乡村草图

具体年代	解放战争时期（1949 年）
文物类别	档案文书
质　　地	纸质
具体尺寸	纵 28.00cm，横 28.00cm
质　　量	0.036kg
完残程度	基本完整

平和县乡村草图

配给支领制度暂行条例

具体年代	解放战争时期（1949 年）
文物类别	文件、宣传品
质　　地	纸质
具体尺寸	纵 25.50cm，横 22.00cm
质　　量	0.019kg
完残程度	基本完整

配给支领制度暂行条例

闽粤赣边区各级支援前线，迎接大军动员委员会组织规程

具体年代 解放战争时期（1949 年）

文物类别 文件、宣传品

质　　地 纸质

具体尺寸 纵 23.00cm，横 21.00cm

质　　量 0.022kg

完残程度 基本完整

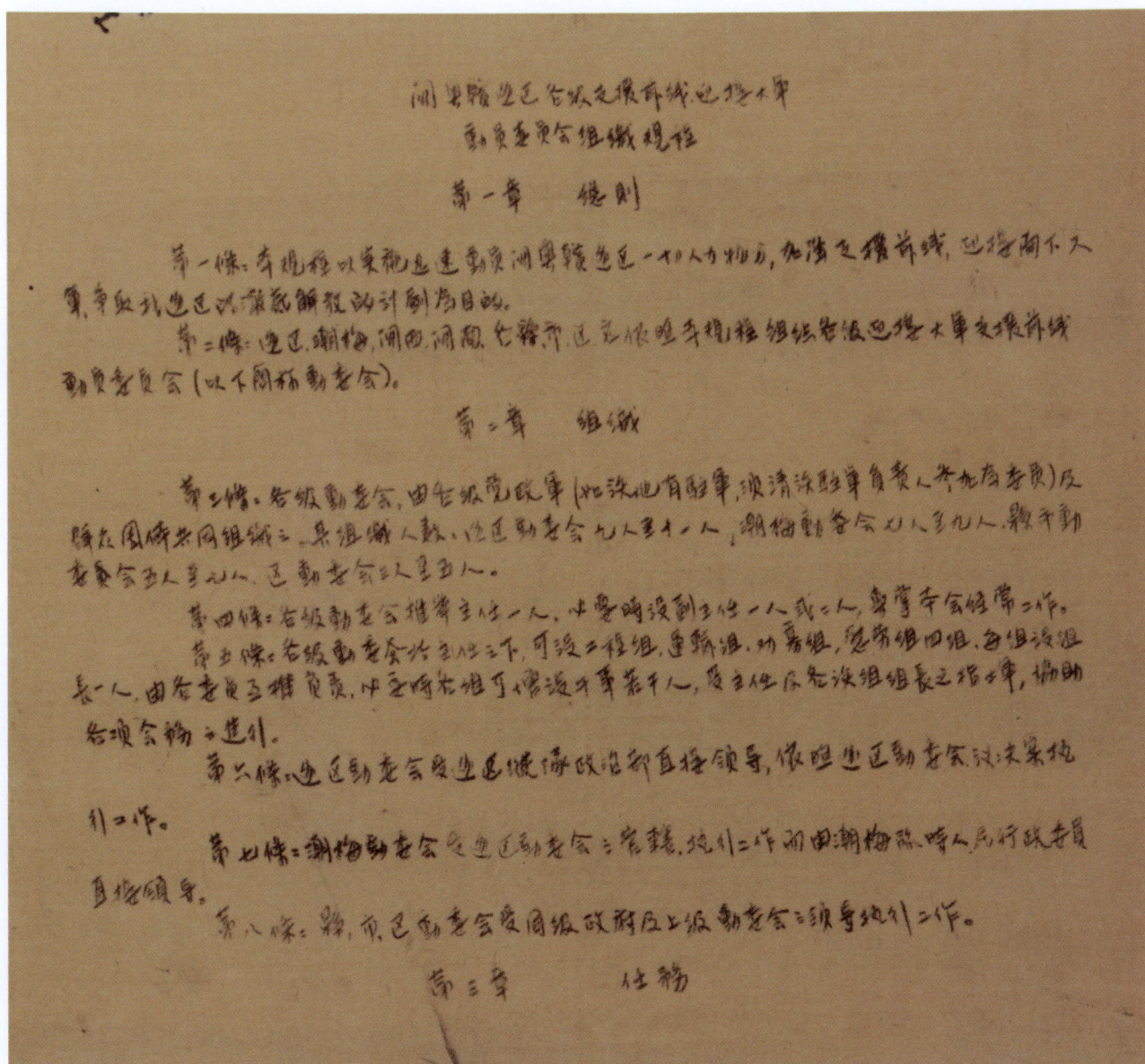

闽粤赣边区各级支援前线，迎接大军动员委员会组织规程

人民解放军闽南独立大队"告闽南民众书"传单

具体年代 解放战争时期（1949 年）

文物类别 文件、宣传品

质　　地 纸质

具体尺寸 纵 18.00cm，横 24.00cm

质　　量 0.014kg

完残程度 基本完整

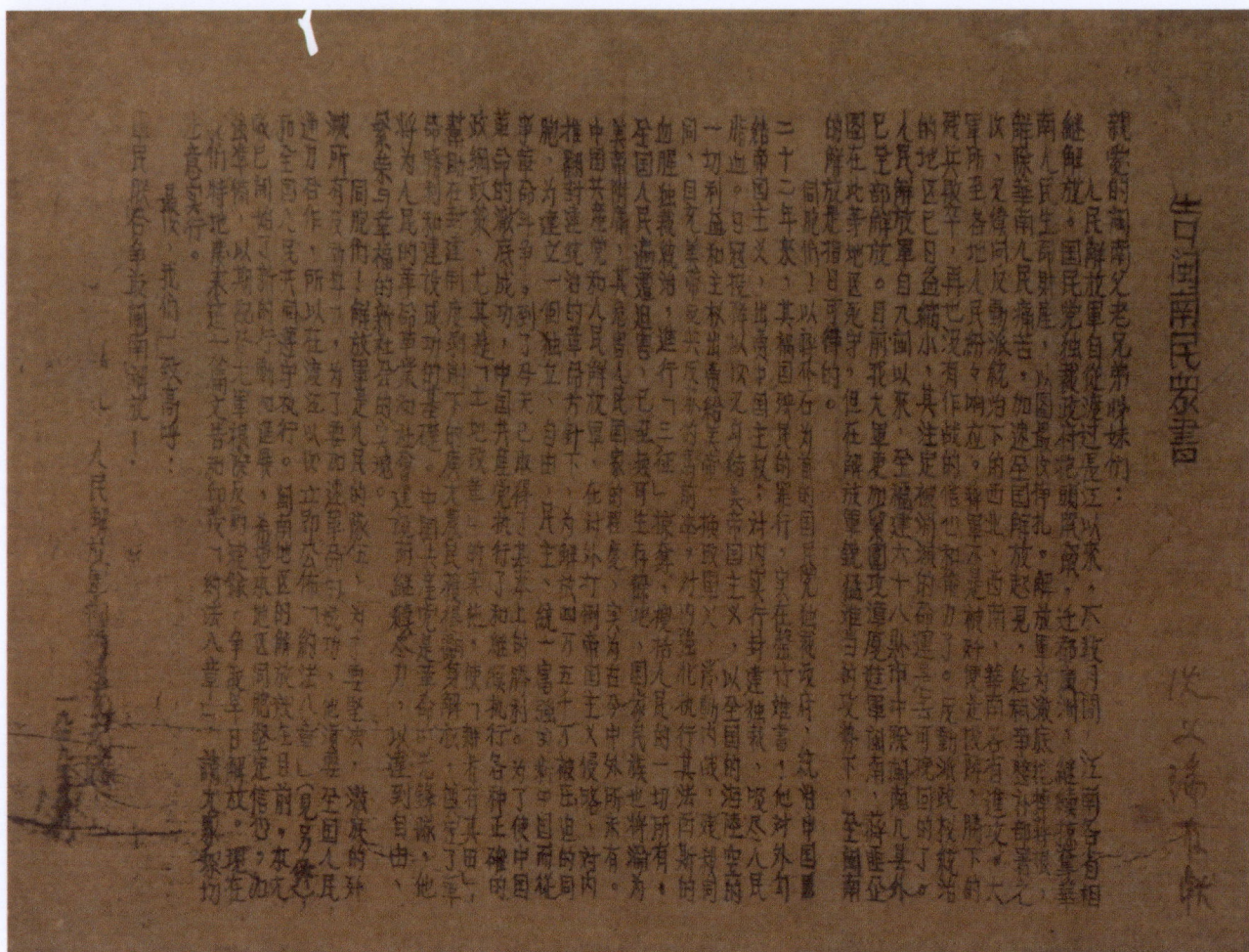

人民解放军闽南独立大队"告闽南民众书"传单

人民解放军云和诏大队标语

具体年代 解放战争时期（1949 年）
文物类别 文件、宣传品
质　　地 纸质
具体尺寸 纵 54.00cm，横 17.00cm
质　　量 0.018kg
完残程度 残缺

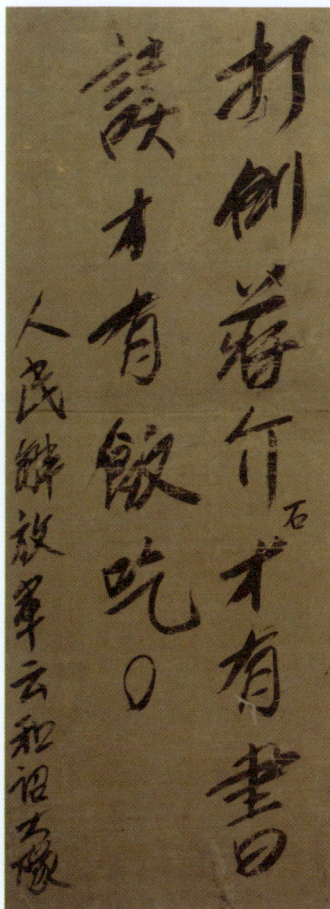

人民解放军云和诏大队关于"打倒蒋介石才有书读才有饭吃"标语

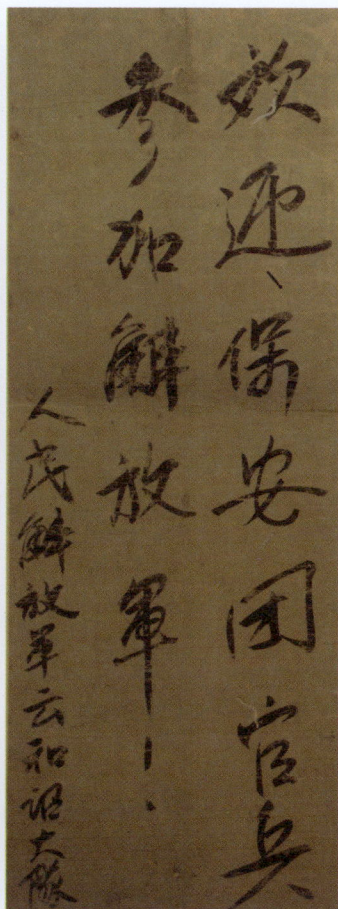

人民解放军云和诏大队关于"欢迎保安团官兵们参加解放军"标语

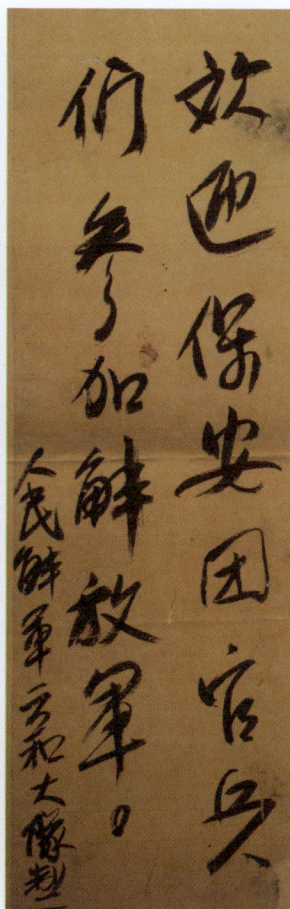

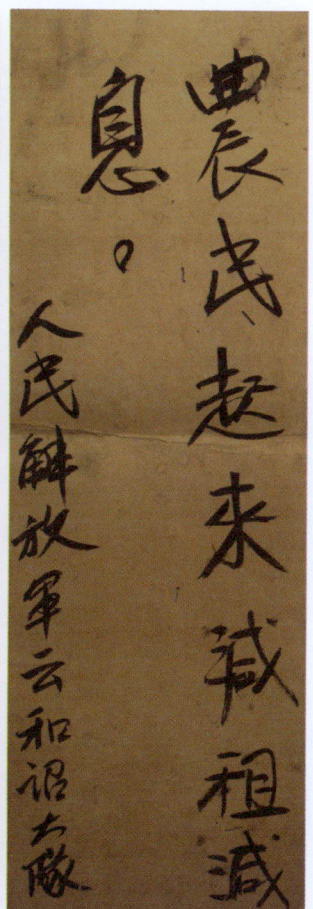

人民解放军云和诏大队关于"欢迎保安团官兵们参加解放军"标语

人民解放军云和诏大队关于"农民起来减租减息"标语

闽浙赣边纵队制定的"情报组织法"

具体年代 解放战争时期（1949 年）

文物类别 文件、宣传品

质　　地 纸质

具体尺寸 纵 20.00cm，横 14.00cm

质　　量 0.051kg

完残程度 残缺

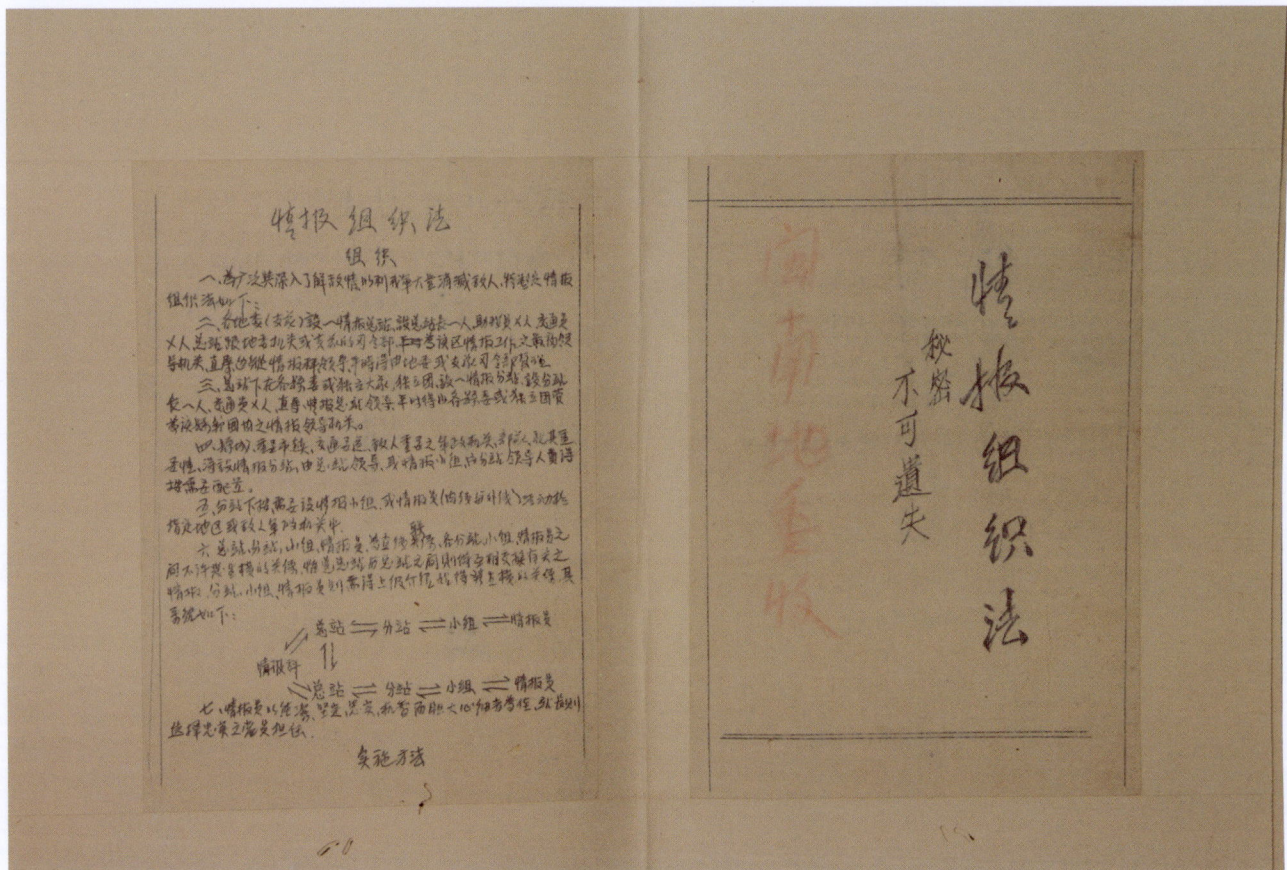

闽浙赣边纵队制定的"情报组织法"

中共云和诏县委员会发布的"减租减息大纲"

具体年代 解放战争时期(1949 年)

文物类别 文件、宣传品

质　　地 纸质

具体尺寸 纵 18.00cm，横 26.00cm

质　　量 0.035kg

完残程度 残缺

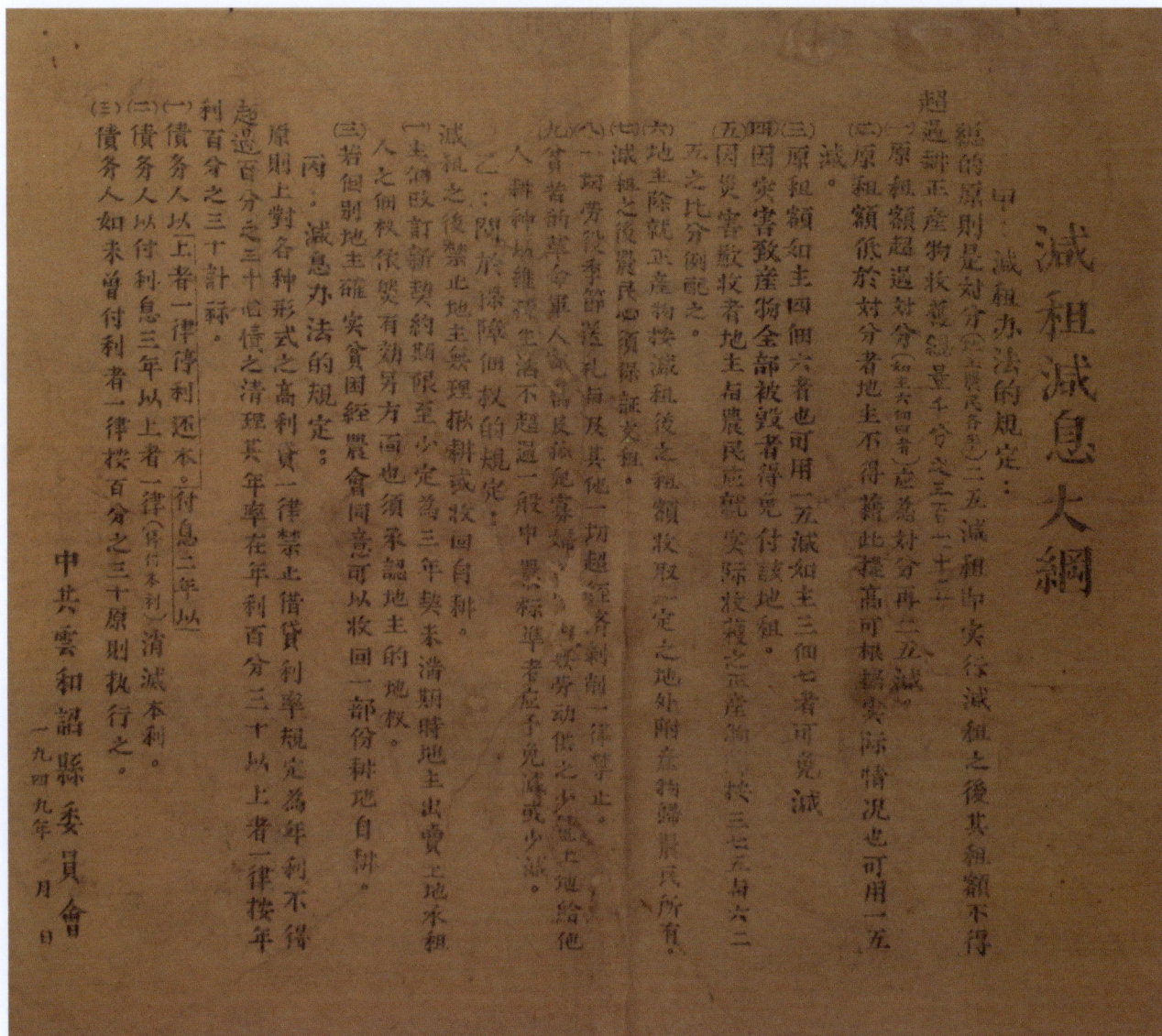

中共云和诏县委员会发布的"减租减息大纲"

南海司令部"关于情报工作的决定草案"

具体年代 解放战争时期（1949 年）

文物类别 文件、宣传品

质　　地 纸质

具体尺寸 纵 26.00cm，横 18.50cm

质　　量 0.057kg

完残程度 残缺

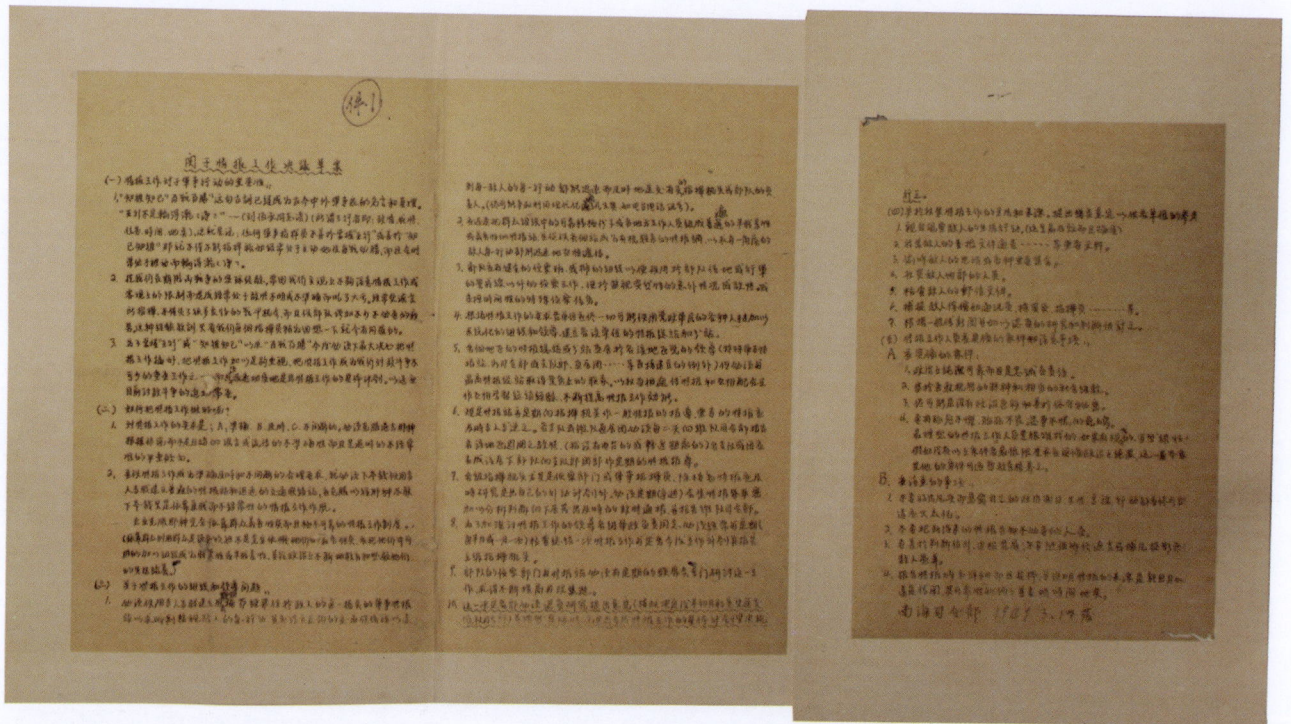

南海司令部"关于情报工作的决定草案"

华东经济办事处印餐票

具体年代　解放战争时期（1949 年）

文物类别　票据

质　　地　纸质

具体尺寸　纵 5.70cm，横 7.40cm

质　　量　0.2g

完残程度　残缺

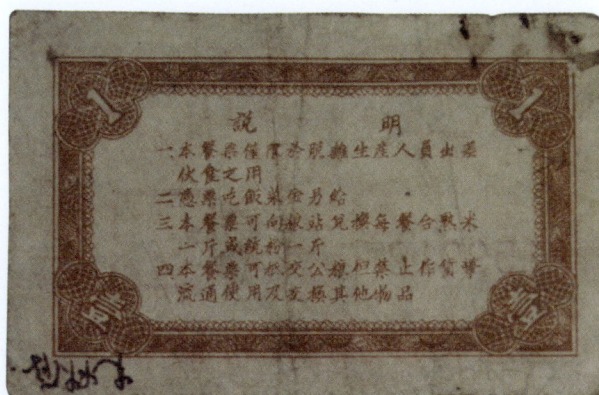

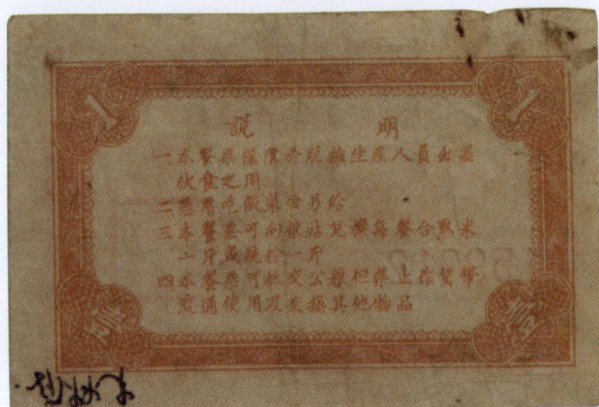

华东经济办事处印餐票

关于夜行军应注意的事项

具体年代 解放战争时期（1949 年）

文物类别 文件、宣传品

质　　地 纸质

具体尺寸 纵 26.00cm，横 18.50cm

质　　量 0.022kg

完残程度 残缺

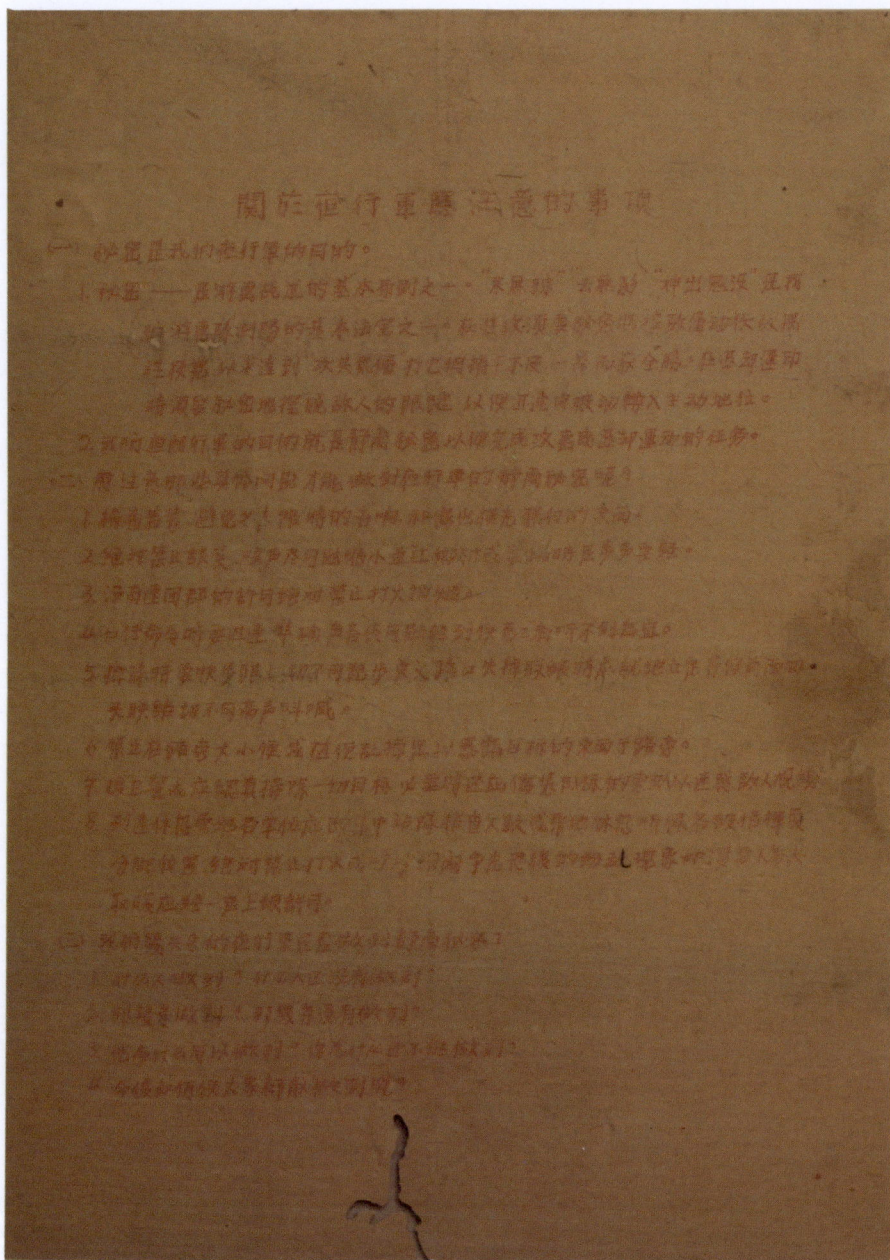

关于夜行军应注意的事项

中国人民解放军闽南第四大队人枪登记表

具体年代 解放战争时期（约在 1949 年）
文物类别 档案文书
质　　地 纸质
具体尺寸 纵 39.00cm，横 33.00cm
质　　量 0.039kg
完残程度 残缺

中国人民解放军闽南第四大队人枪登记表

1949 年闽南人民报社编印《解放快报》 "七一" 增刊、 "八一" 特刊

具体年代 解放战争时期（1949 年）

文物类别 文件、宣传品

质　　地 纸质

具体尺寸 纵 34.00cm，横 50.00cm

质　　量 0.304kg

完残程度 残缺

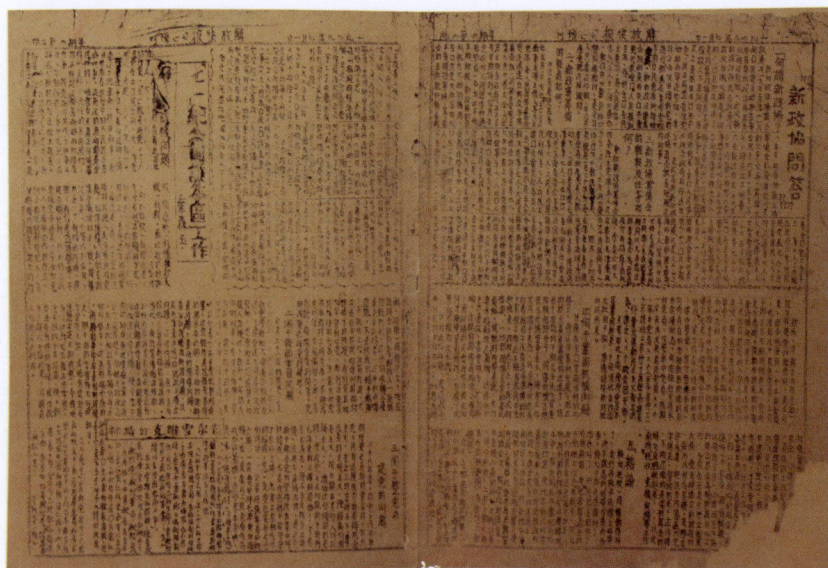

《解放快报》"七一" 增刊

《解放快报》"八一" 特刊

云和诏县委会印解放餐票

具体年代	解放战争时期（1949 年）
文物类别	票据
质　　地	纸质
具体尺寸	纵 5.70cm，横 9.60cm
质　　量	0.2g
完残程度	残缺

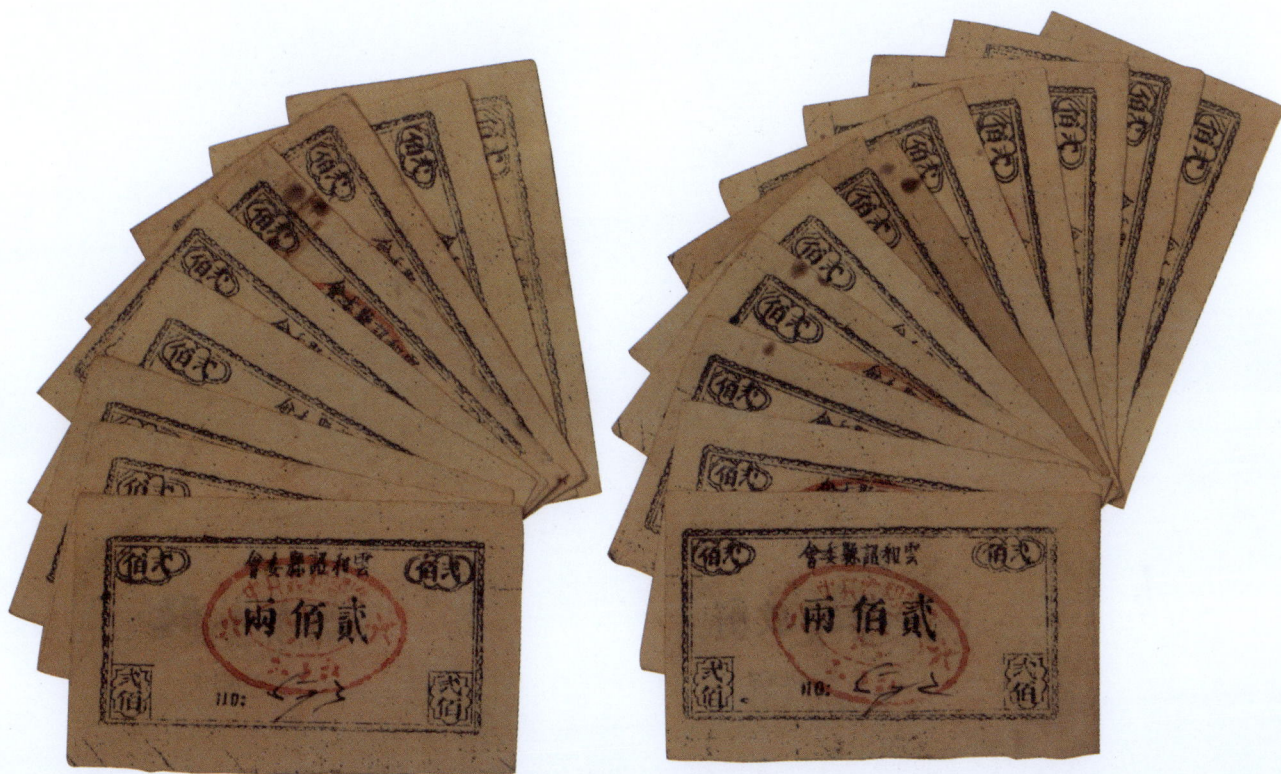

云和诏县委会印解放餐票

1949 年平和县第一区人民民主政府布告

具体年代 解放战争时期（1949 年）

文物类别 文件、宣传品

质　　地 纸质

具体尺寸 纵 27.90cm，横 18.10cm

质　　量 0.6g

完残程度 残缺

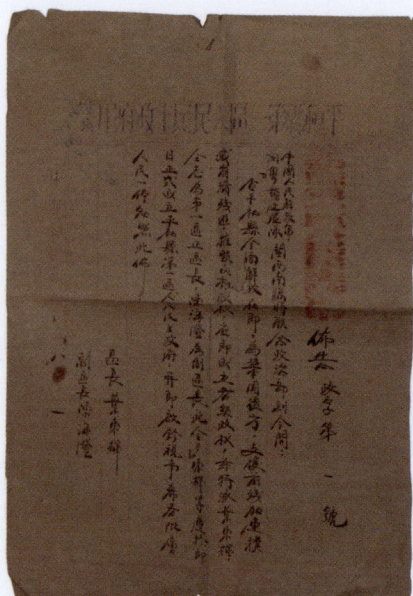

政字第一号布告

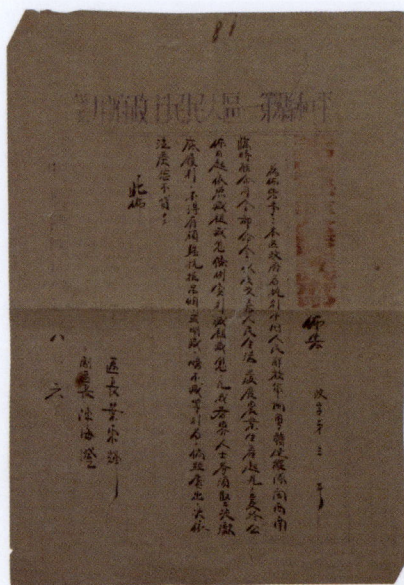

政字第三号布告

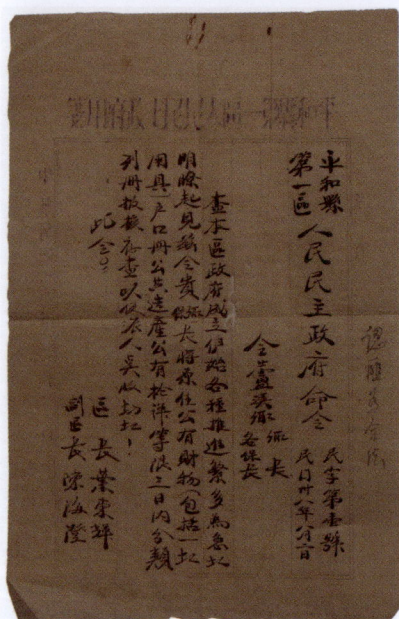

民字第一号命令

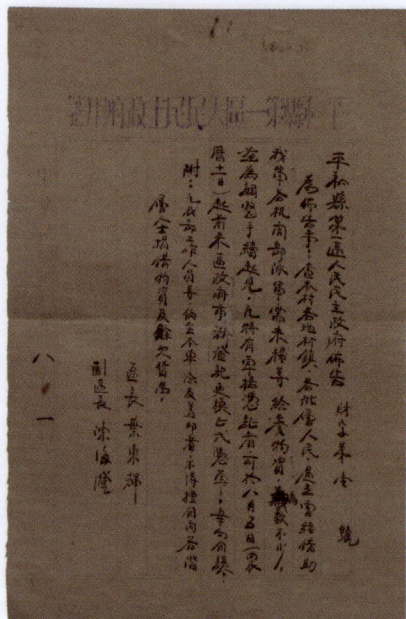

财字第一号布告

平和县第一区人民民主政府通告

具体年代 解放战争时期（1949 年）
文物类别 文件、宣传品
质　　地 纸质
具体尺寸 纵 27.90cm，横 18.10cm
质　　量 0.7kg
完残程度 残缺

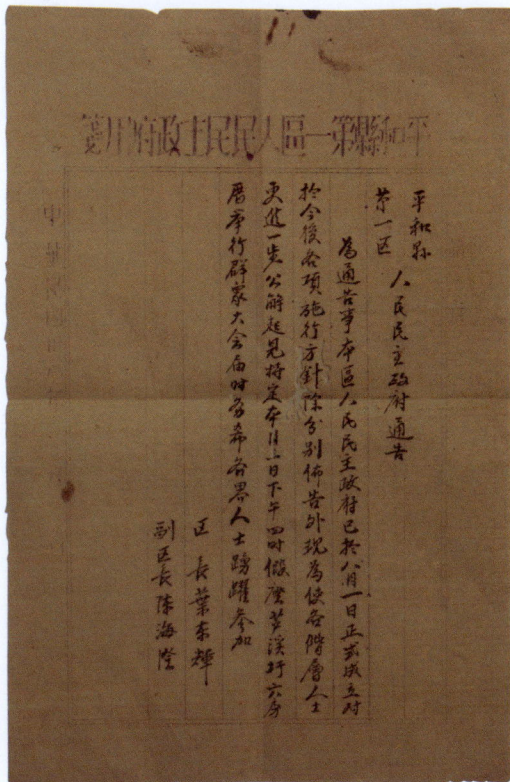

平和县第一区人民民主政府通告

闽粤赣边纵队部队与首长代号

具体年代 解放战争时期（1949 年）
文物类别 文件、宣传品
质　　地 纸质
具体尺寸 纵 22.00cm，横 15.00cm
质　　量 0.023kg
完残程度 残缺

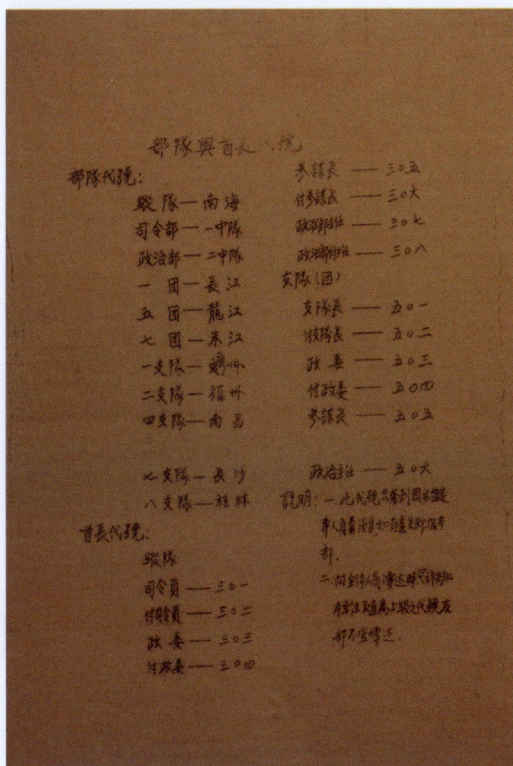

闽粤赣边纵队部队与首长代号

云和诏边政治部"告保安团全体官兵书"传单

具体年代	解放战争时期(1949年)
文物类别	文件、宣传品
质　　地	纸质
具体尺寸	纵36.80cm，横25.00cm
质　　量	0.020kg
完残程度	残缺

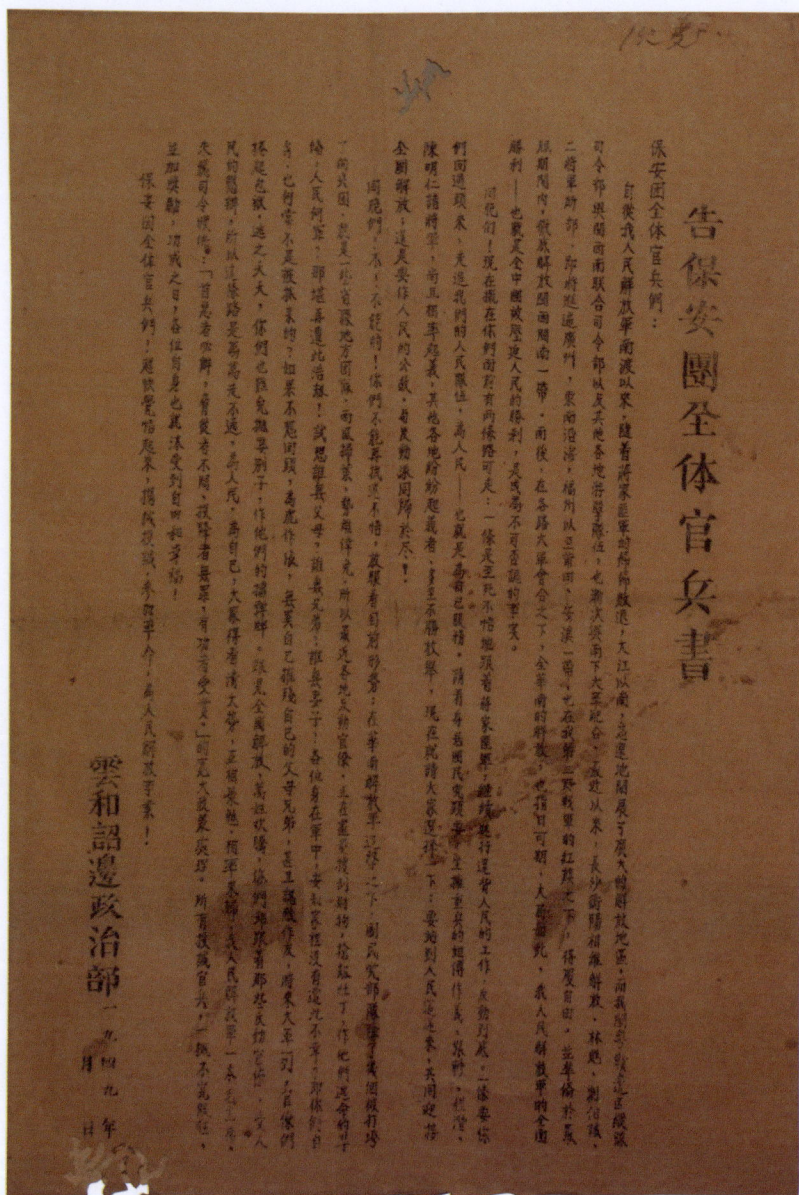

云和诏边政治部"告保安团全体官兵书"传单

中国人民解放军闽粤赣边纵队闽西南临时联合司令部翻印的"闽粤赣边当前施政方针"

具体年代 解放战争时期（1949年）

文物类别 文件、宣传品

质　　地 纸质

具体尺寸 纵29.00cm，横21.00cm

质　　量 0.018kg

完残程度 基本完整

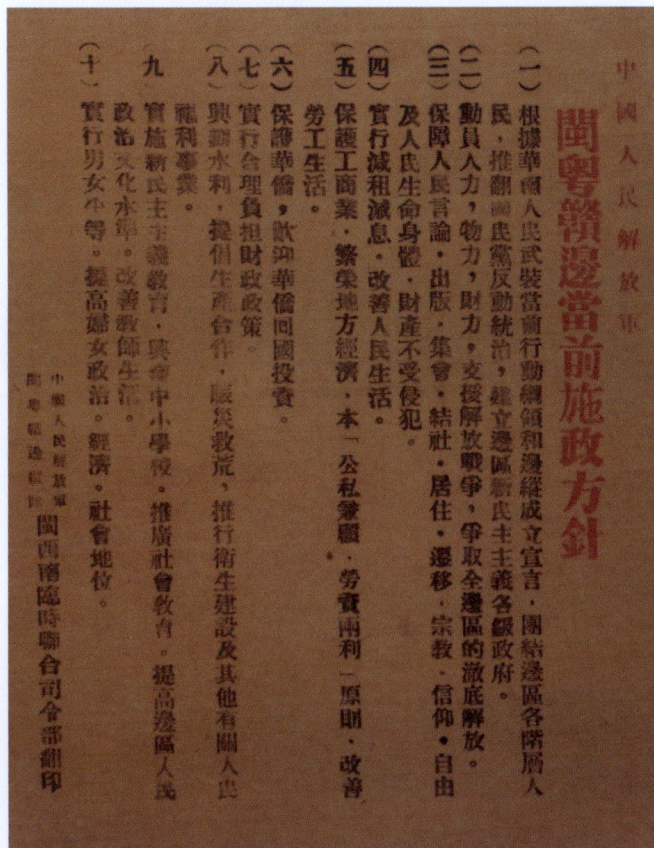

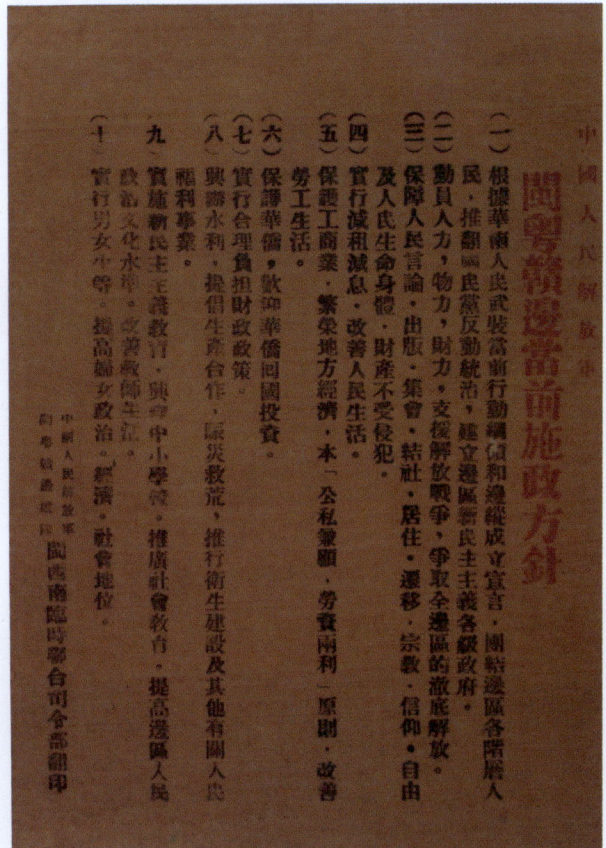

中国人民解放军闽粤赣边纵队闽西南临时联合司令部翻印的"闽粤赣边当前施政方针"

云和诏边县委机关出版《路灯》期刊

具体年代	解放战争时期（1949 年）
文物类别	文件、宣传品
质　　地	纸质
具体尺寸	纵 38.00cm，横 26.50cm
质　　量	0.006kg
完残程度	基本完整

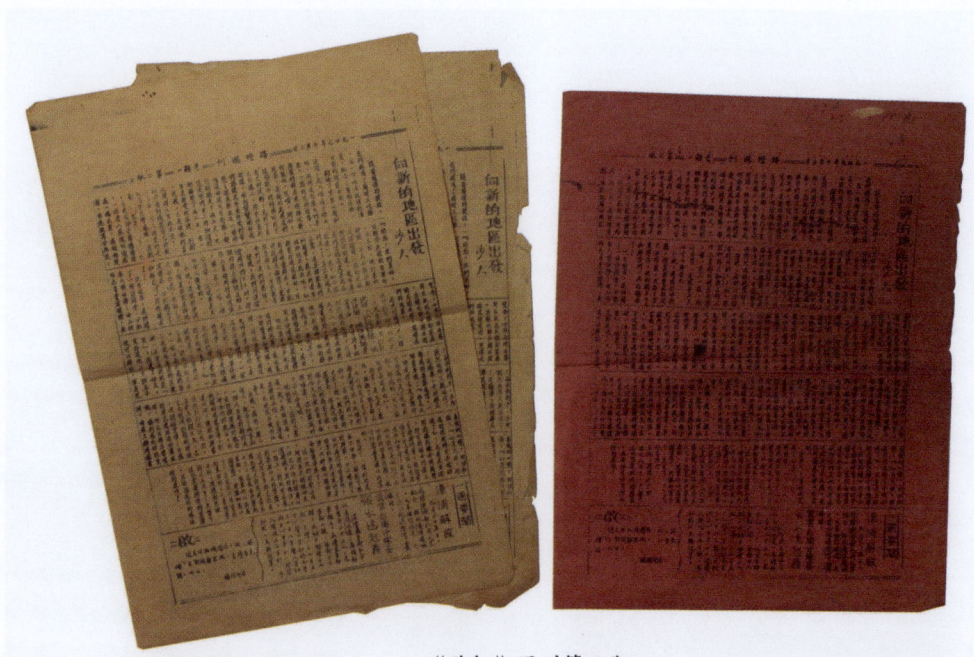

《路灯》周刊第三期

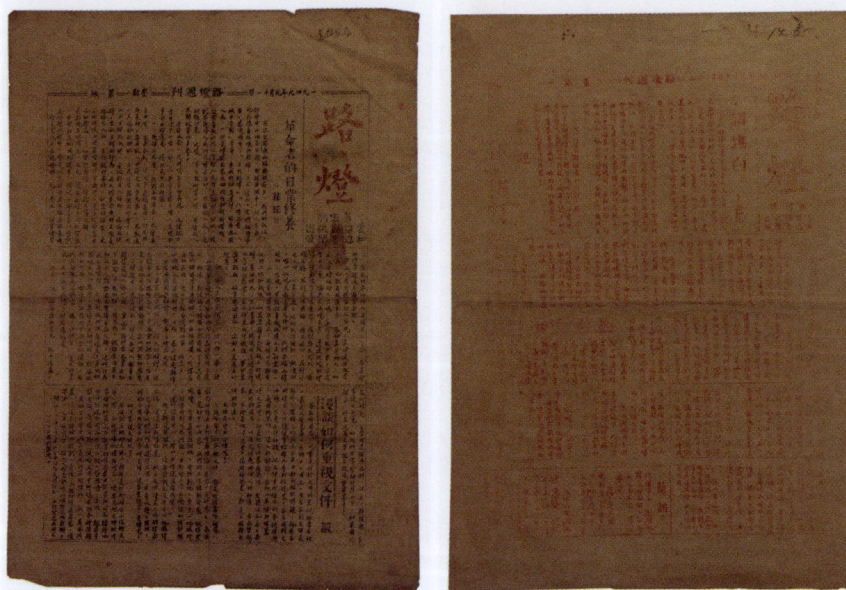

《路灯》周刊第五期

《路灯》周刊创刊号

闽西行动会主要人员履历表

具体年代　解放战争时期（1949 年）
文物类别　档案文书
质　　地　纸质
具体尺寸　纵 27.00cm，横 18.10cm
质　　量　0.004kg
完残程度　残缺

闽西行动会主要人员履历表

中国人民解放军闽粤赣边纵队第八支队部基金、军粮、医药、军鞋捐助收据

具体年代　解放战争时期（1949 年）
文物类别　票据
质　　地　纸质
具体尺寸　纵 21.60cm，横 8.60cm
质　　量　0.001kg
完残程度　残缺

中国人民解放军闽粤赣边纵队第八支队部基金、
军粮、医药、军鞋捐助收据

1949年7月中国人民解放军闽粤赣边纵队第八支队部军粮捐助收据

具体年代	解放战争时期（1949年7月）
文物类别	票据
质　地	纸质
具体尺寸	纵15.50cm，横9.10cm
质　量	0.018kg
完残程度	基本完整

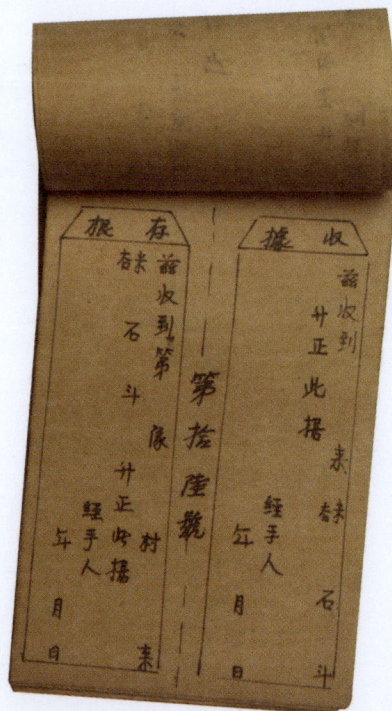

1949年7月中国人民解放军闽粤赣边纵队第八支队部军粮捐助收据

闽粤边区闽南第一次干部训练班学员张建忠的学习笔记本

具体年代	解放战争时期（1949年）
文物类别	档案文书
质　地	纸质
具体尺寸	纵14.00cm，横20.38cm
质　量	0.017kg
完残程度	残缺

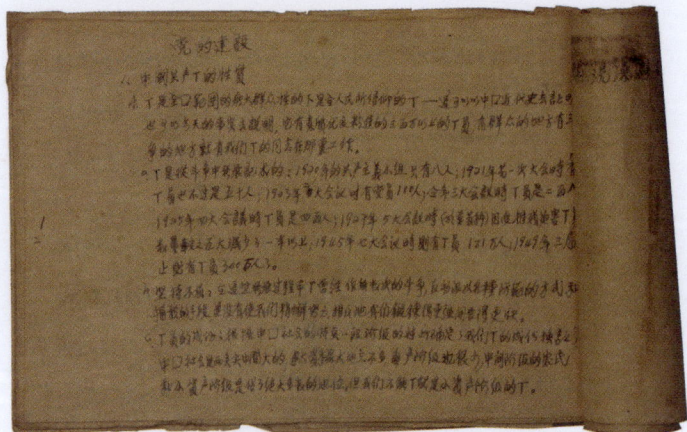

闽粤边区闽南第一次干部训练班学员张建忠的学习笔记本

平和县第一区区长叶东辉关于召开乡梓福利座谈会的信

具体年代 解放战争时期（1949年）

文物类别 文件、宣传品

质　　地 纸质

具体尺寸 纵 27.90cm，横 18.10cm

质　　量 0.8g

完残程度 残缺

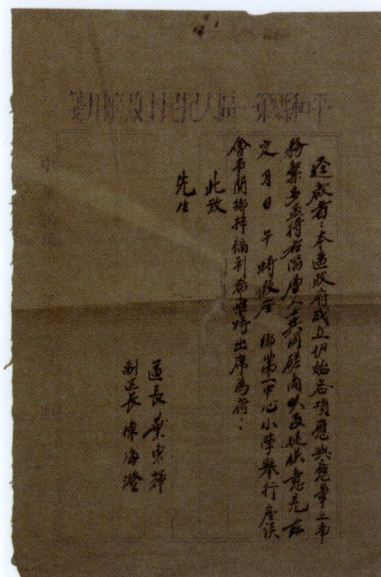

平和县第一区区长叶东辉关于召开乡
梓福利座谈会的信

中国人民解放军闽粤赣边区纵队闽靖书教工作团"劝募军粮通知书"

具体年代 解放战争时期（1949年）

文物类别 文件、宣传品

质　　地 纸质

具体尺寸 纵 24.50cm，横 12.50cm

质　　量 0.018kg

完残程度 残缺

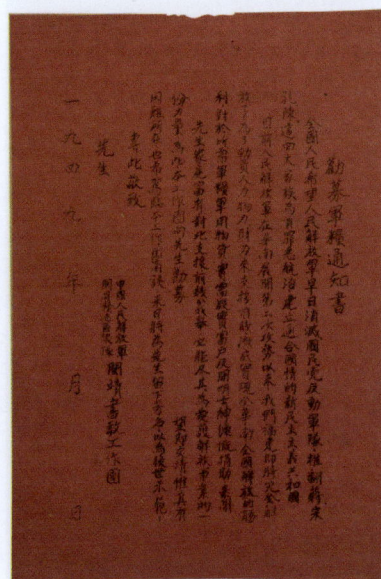

中国人民解放军闽粤赣边区纵队闽靖书
教工作团"劝募军粮通知书"

云和诏边政治部关于解放在即号召有关人士站稳立场的信

具体年代 解放战争时期（1949 年）
文物类别 文件、宣传品
质　　地 纸质
具体尺寸 纵 22.00cm，横 15.10cm
质　　量 0.021kg
完残程度 基本完整

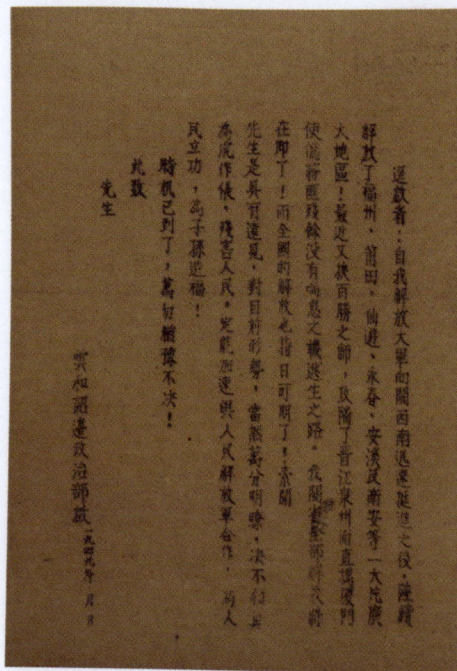

云和诏边政治部关于解放
在即号召有关人士站稳立场的信

1949 年 2 月 7 日闽粤赣边区党委关于印发边纵成立宣言通知

具体年代 解放战争时期（1949 年 2 月 7 日）
文物类别 文件、宣传品
质　　地 纸质
具体尺寸 纵 19.00cm，横 11.50cm
质　　量 0.022kg
完残程度 基本完整

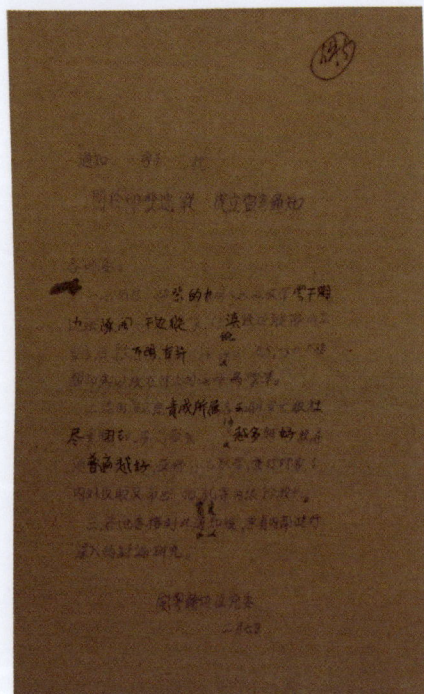

1949 年 2 月 7 日闽粤赣边区党委关于印发
边纵成立宣言通知

1949 年 2 月 19 日
"关于敌情新的变化" 的报告

具体年代	解放战争时期（1949 年）
文物类别	文件、宣传品
质　　地	纸质
具体尺寸	纵 27.10cm，横 17.20cm
质　　量	0.019kg
完残程度	基本完整

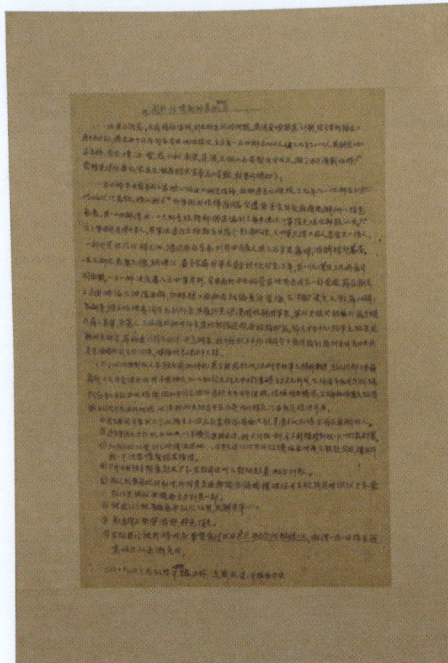

1949 年 2 月 19 日 "关于敌情新的变化" 的报告

1949 年 2 月 20 日闽南前哨报社印
《中国人民解放战争形势图》

具体年代	解放战争时期（1949 年 2 月 20 日）
文物类别	文件、宣传品
质　　地	纸质
具体尺寸	纵 55.00cm，横 35.00cm
质　　量	0.039kg
完残程度	基本完整

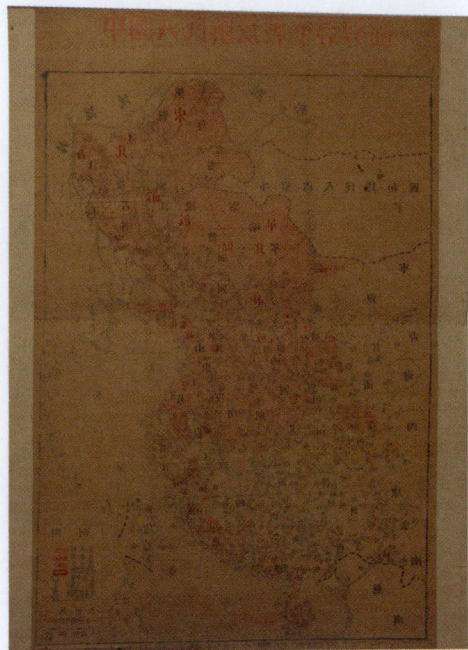

1949 年 2 月 20 日闽南前哨报社印
《中国人民解放战争形势图》

1949 年 2 月 26 日闽粤赣边区党委
"关于处理漳厦等地进来人员问题的决定"

具体年代 解放战争时期（1949 年 2 月 26 日）

文物类别 文件、宣传品

质　　地 纸质

具体尺寸 纵 27.00cm，横 16.50cm

质　　量 0.018kg

完残程度 基本完整

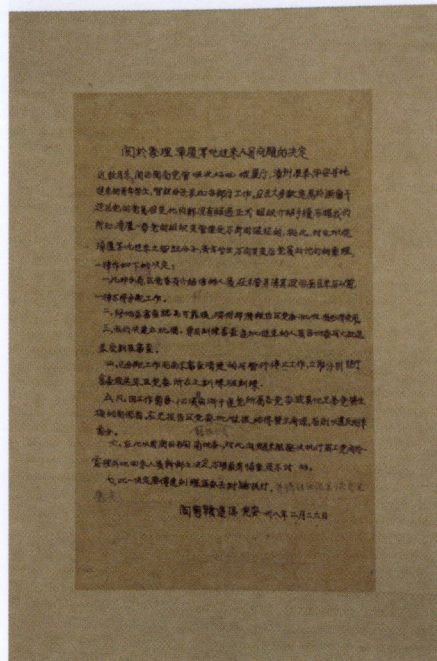

1949 年 2 月 26 日闽粤赣边区党委"关于处理漳厦等地进来人员问题的决定"

1949 年 3 月中国人民解放军闽粤赣边纵
队第八支队部布告闽字第一号

具体年代 解放战争时期（1949 年 3 月）

文物类别 文件、宣传品

质　　地 纸质

具体尺寸 纵 47.00cm，横 33.00cm

质　　量 0.072kg

完残程度 残缺

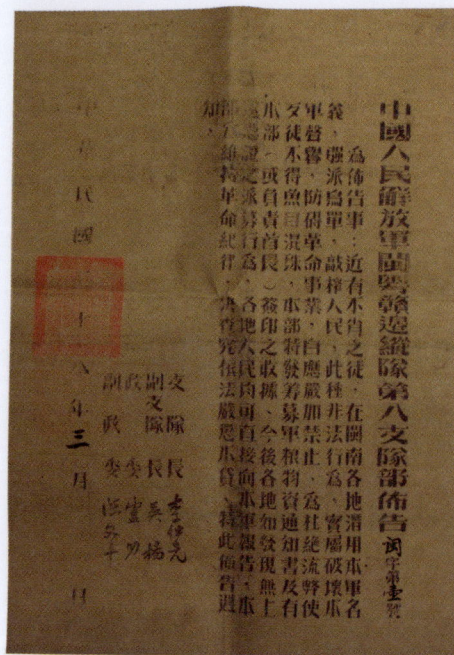

1949 年 3 月中国人民解放军闽粤赣边纵队第八支队部布告闽字第一号

1949 年 3 月中国人民解放军闽粤赣边纵队第八支队部翻印"闽粤赣边区人民武装打倒蒋介石政府十项主张"传单

具体年代 解放战争时期（1949 年 3 月）

文物类别 文件、宣传品

质　　地 纸质

具体尺寸 纵 13.00cm，横 18.50cm

质　　量 0.007kg

完残程度 基本完整

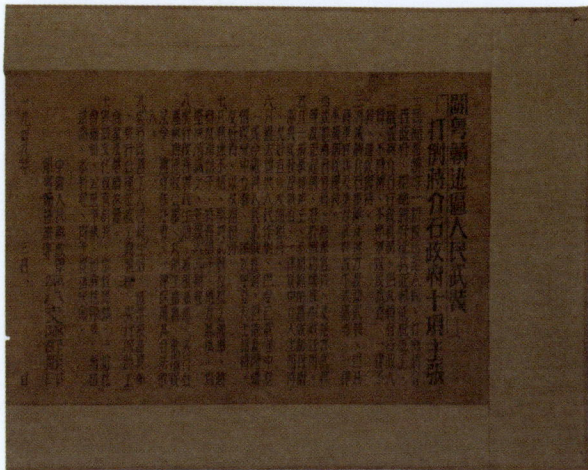

1949 年 3 月中国人民解放军闽粤赣边纵队第八支队部翻印
"闽粤赣边区人民武装打倒蒋介石政府十项主张"传单

1949 年 3 月 1 日南海政治部"政治工作计划"手写稿

具体年代 解放战争时期（1949 年 3 月 1 日）

文物类别 文件、宣传品

质　　地 纸质

具体尺寸 纵 26.70cm，横 36.70cm

质　　量 0.032kg

完残程度 残缺

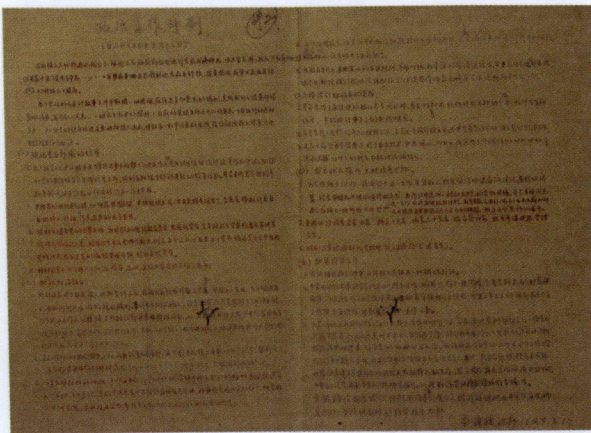

1949 年 3 月 1 日南海政治部"政治工作计划"手写稿

1949年3月19日闽粤赣边纵队南海参谋处通报

具体年代 解放战争时期（1949年3月19日）

文物类别 文件、宣传品

质　　地 纸质

具体尺寸 纵 42.00cm，横 27.70cm

质　　量 0.030kg

完残程度 基本完整

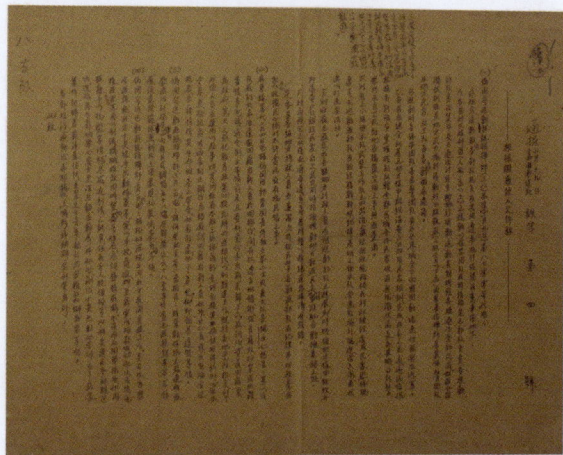

铁字第四号通报

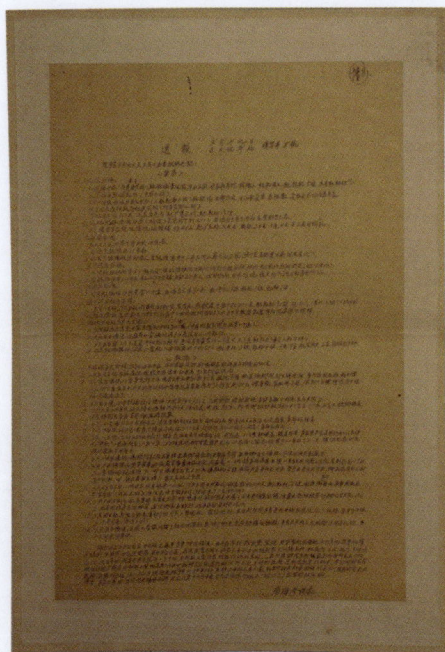

情字第五号通报

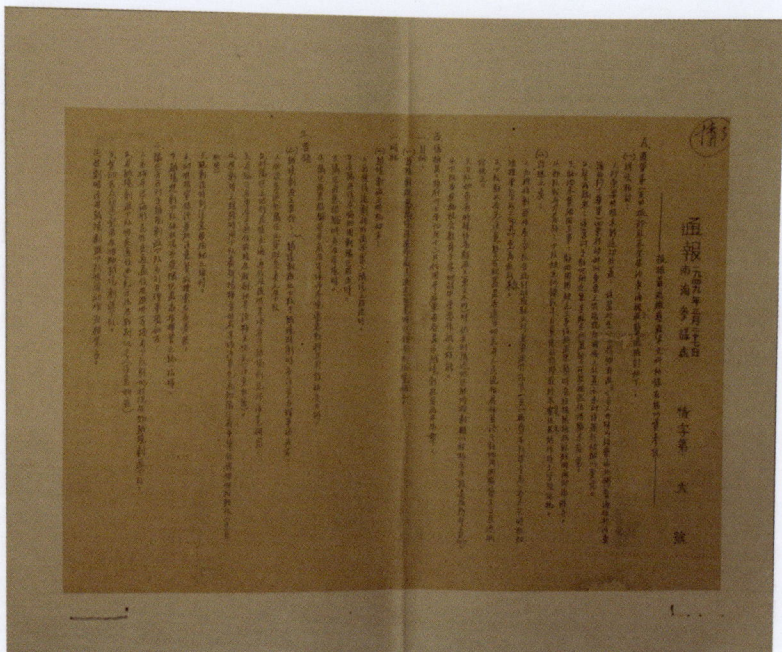

情字第六号通报

1949 年 4 月中国共产党闽粤赣边区党委员会"关于召开边区妇女代表会议的决定"的通知

具体年代 解放战争时期（1949 年 4 月）

文物类别 文件、宣传品

质　　地 纸质

具体尺寸 纵 19.00cm，横 13.50cm

质　　量 0.020kg

完残程度 基本完整

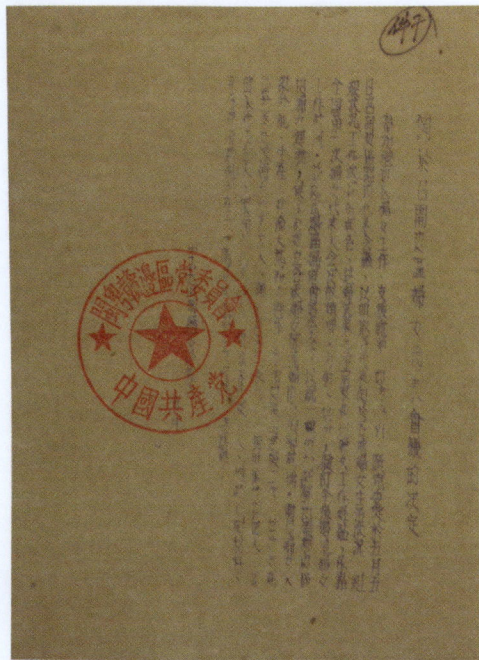

1949 年 4 月中国共产党闽粤赣边区党委员会"关于召开边区妇女代表会议的决定"的通知

1949 年 4 月 16 日中国人民解放军闽粤赣边纵队长江支队第五大队（五地委）学习综合报告记录稿

具体年代 解放战争时期（1949 年 4 月 16 日）

文物类别 文件、宣传品

质　　地 纸质

具体尺寸 纵 18.00cm，横 13.00cm

质　　量 0.044kg

完残程度 残缺

　　"学习综合报告"是 1949 年 4 月 16 日中国人民解放军闽粤赣边纵队长江支队第五大队（五地委）学习综合报告记录稿，长方形，毛边纸，手写笔记本，封面封底连同正文共计 59 页。含有"五大队（五地委）学习综合报告""学习请示报告制度""学习建党时每个同志的检查记录"等文件，并记录党委会关于民主集中制的原则和具体办法。

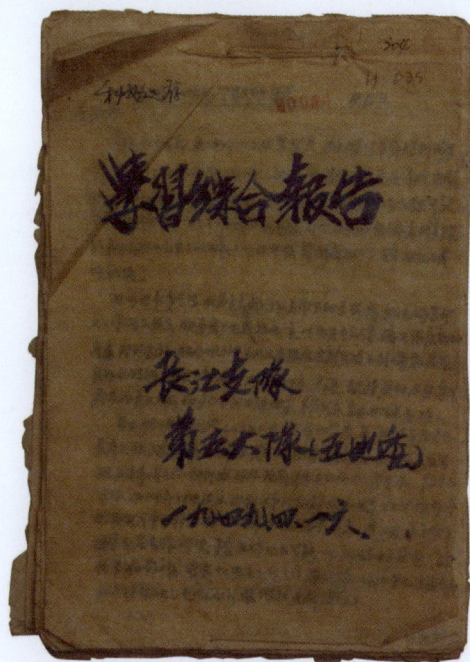

1949 年 4 月 16 日中国人民解放军闽粤赣边纵队长江支队第五大队（五地委）学习综合报告记录稿

1949 年 5 月解放战争时期中共闽粤赣边区党委组织部致闽南地委并转组织部的函

具体年代 解放战争时期（1949 年 5 月）
文物类别 文件、宣传品
质　　地 纸质
具体尺寸 纵 30.00cm，横 16.00cm
质　　量 0.013kg
完残程度 基本完整

报告内容：为迎接大军南下，组织培训干部思想工作的报告。

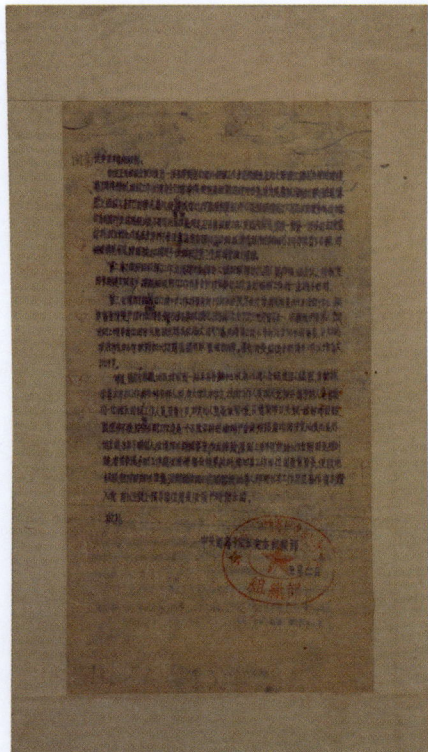

1949 年 5 月中共闽粤赣边区党委组织部致闽南地委并转组织部的函

1949 年 5 月 15 日中国人民解放军闽粤赣边纵队司令部公布令队字第一号关于王杰同志的任命

具体年代 解放战争时期（1949 年 5 月 15 日）
文物类别 文件、宣传品
质　　地 纸质
具体尺寸 纵 26.00cm，横 20.00cm
质　　量 0.018kg
完残程度 基本完整

1949 年 5 月 15 日中国人民解放军闽粤赣边纵队司令部公布令队字第一号关于王杰同志的任命

1949 年 5 月 15 日中国人民解放军闽粤赣边纵队司令部公布令队字第二号

具体年代 解放战争时期（1949 年 5 月 15 日）

文物类别 文件、宣传品

质　　地 纸质

具体尺寸 纵 27.00cm，横 37.00cm

质　　量 0.035kg

完残程度 残缺

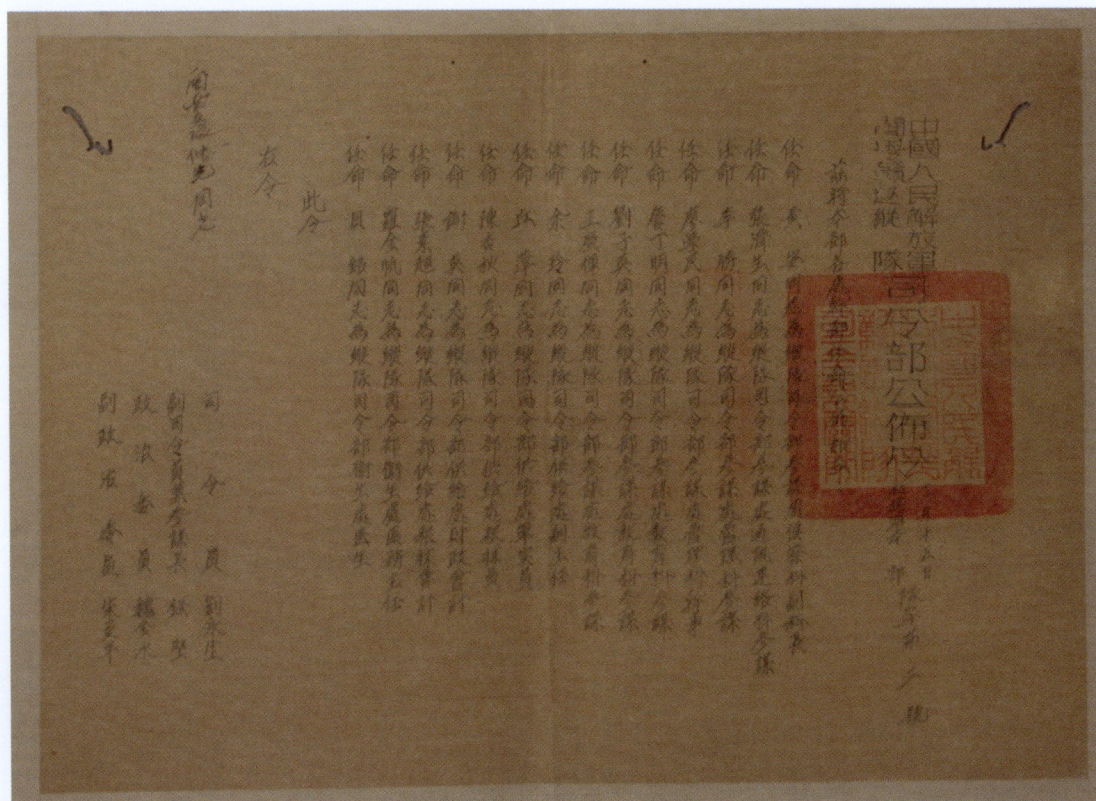

1949 年 5 月 15 日中国人民解放军闽粤赣边纵队司令部公布令队字第二号

1949年6月《福建特情调查》

具体年代 解放战争时期（1949年6月）

文物类别 文件、宣传品

质　　地 纸质

具体尺寸 纵18.00cm，横13.00cm

质　　量 0.014kg

完残程度 残缺

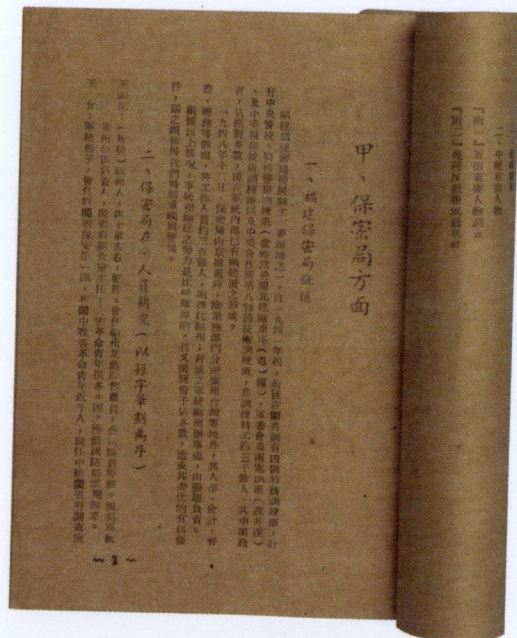

1949年6月《福建特情调查》

1949年6月中国共产党平和县委陈天才 "告平和县同胞书"传单

具体年代 解放战争时期（1949年6月）

文物类别 文件、宣传品

质　　地 纸质

具体尺寸 纵28.00cm，横36.00cm

质　　量 0.025kg

完残程度 基本完整

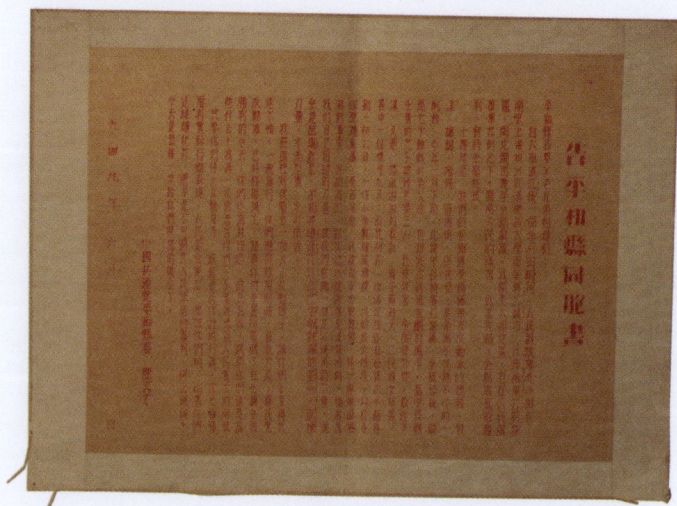

1949年6月中国共产党平和县委陈天才
"告平和县同胞书"传单

1949 年 6 月 14 日人民解放军闽西义勇军基干团官佐简历册

具体年代 解放战争时期（1949 年 6 月 14 日）
文物类别 档案文书
质　　地 纸质
具体尺寸 纵 27.80cm，横 19.00cm
质　　量 0.027kg
完残程度 残缺

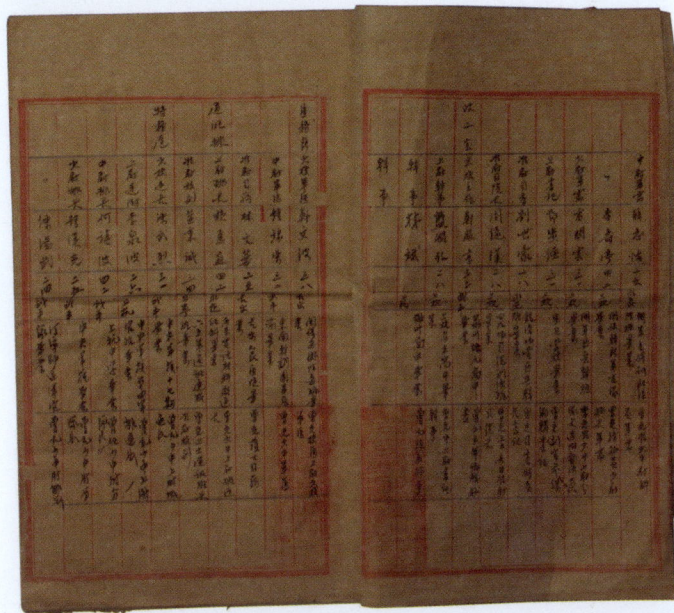

1949 年 6 月 14 日人民解放军闽西义勇军基干团官佐简历册

1949 年 6 月 17 日李汉冲致魏金水、铁坚的信

具体年代 解放战争时期（1949 年 6 月 17 日）
文物类别 档案文书
质　　地 纸质
具体尺寸 纵 27.50cm，横 18.60cm
质　　量 0.012kg
完残程度 残缺

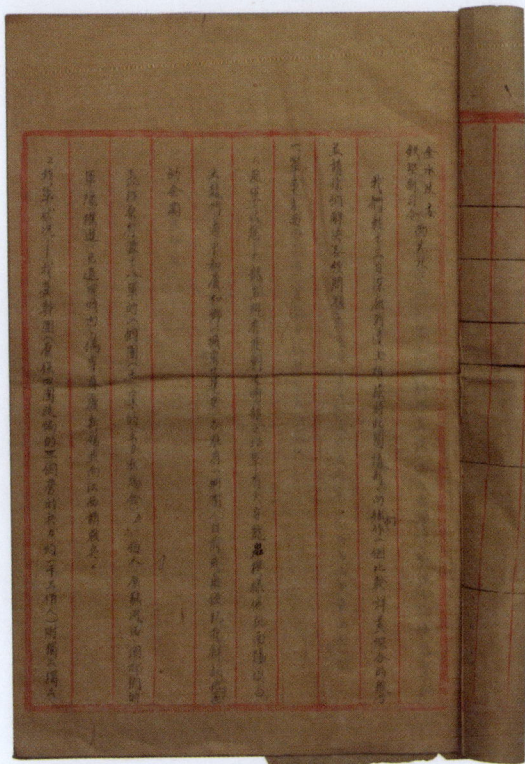

1949 年 6 月 17 日李汉冲致魏金水、铁坚的信

1949 年第三野第十兵团政治部出版的《解放前线》

具体年代 解放战争时期

文物类别 文件、宣传品

质　　地 纸质

具体尺寸 纵 19.30cm，横 27.80cm

质　　量 0.003kg

完残程度 残缺

《解放前线》第三十七期

《解放前线》第三十八期

《解放前线》第四十一期

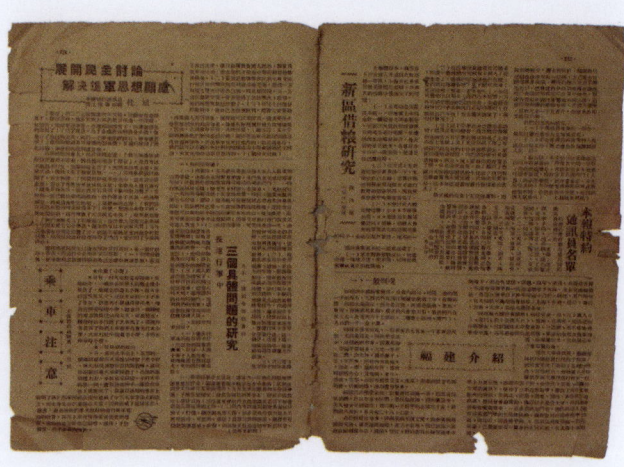

《解放前线》第四十二期

1949 年 6 月 25 日中国人民解放军闽粤赣边纵队
第八支队第四团翻印的《翻身》半月刊

具体年代 解放战争时期（1949 年 6 月 25 日）

文物类别 文件、宣传品

质　　地 纸质

具体尺寸 纵 23.10cm，横 35.00cm

质　　量 0.055kg

完残程度 基本完整

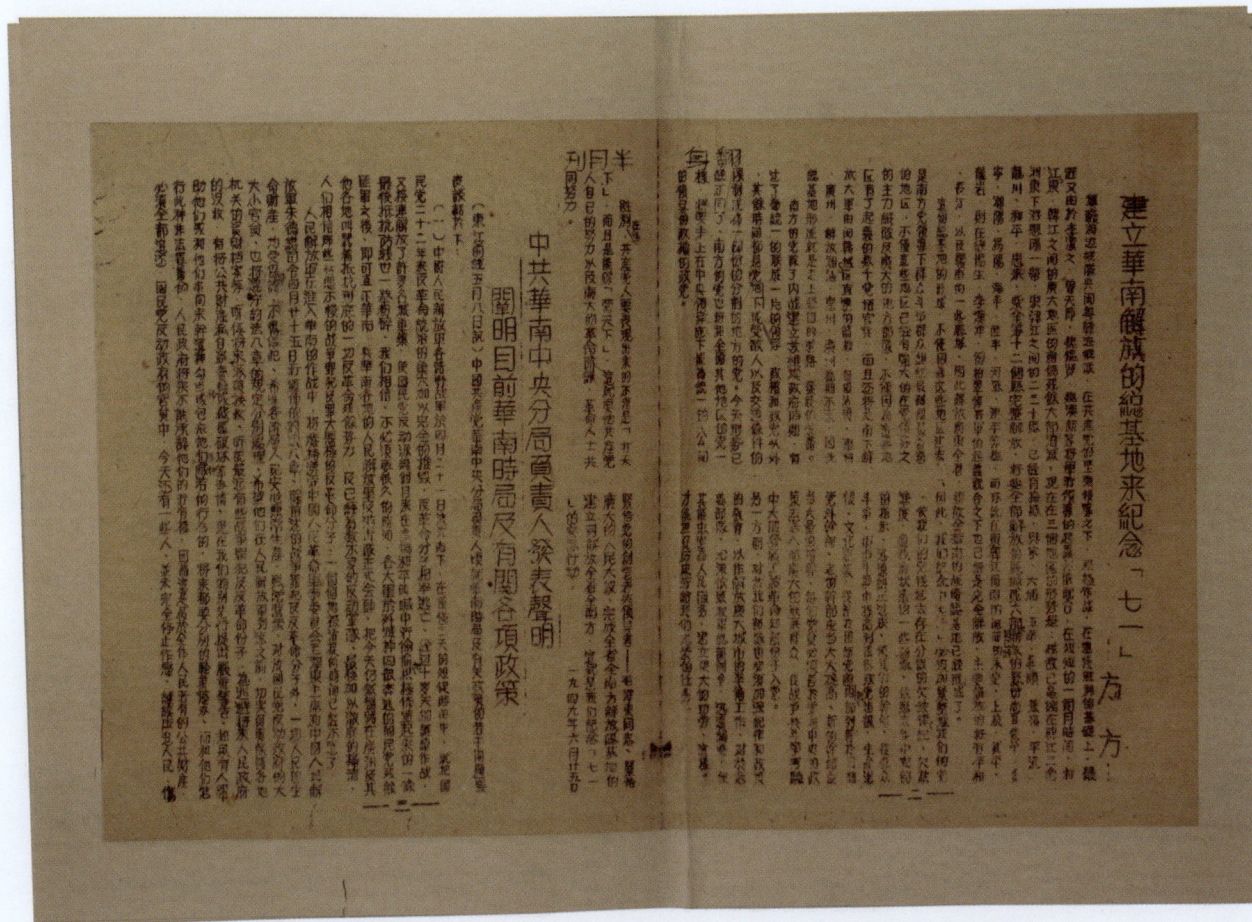

1949 年 6 月 25 日中国人民解放军闽粤赣边纵队第八支队第四团翻印的《翻身》半月刊

1949年6月27日中国人民解放军闽粤赣边纵武平独立大队第一连名册

具体年代	解放战争时期（1949年6月27日）
文物类别	档案文书
质　　地	纸质
具体尺寸	纵27.50cm，横18.50cm
质　　量	0.010kg
完残程度	残缺

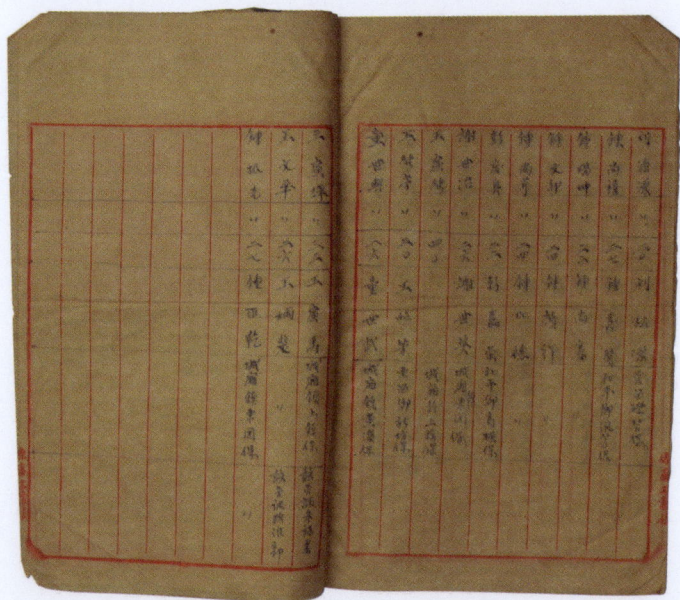

1949年6月27日中国人民解放军闽粤赣边纵武平独立大队第一连名册

1949年6月27日中国人民解放军闽粤赣边纵队司令部参谋处名册

具体年代	解放战争时期（1949年6月27日）
文物类别	档案文书
质　　地	纸质
具体尺寸	纵25.00cm，横16.30cm
质　　量	0.002kg
完残程度	残缺

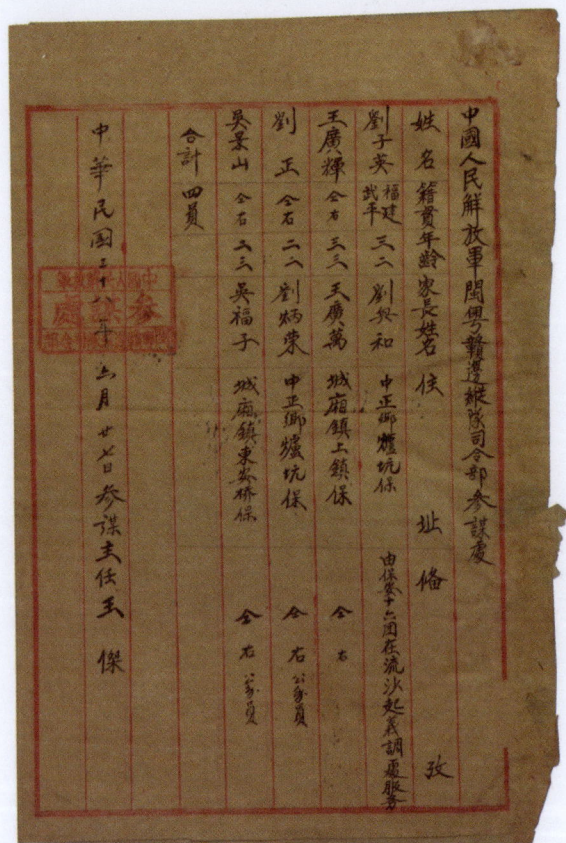

1949年6月27日中国人民解放军闽粤赣边纵队司令部参谋处名册

1949 年 7 月中国人民解放军闽粤赣边纵队军粮公债

具体年代 解放战争时期（1949 年 7 月）

文物类别 票据

质　　地 纸质

具体尺寸 纵 9.80cm，横 4.50cm

质　　量 0.4g

完残程度 残缺

1949 年 7 月中国人民解放军闽粤赣边纵队军粮公债

1949 年闽南人民报社编印《解放快报》期刊

具体年代 解放战争时期(1949 年)
文物类别 文件、宣传品
质　　地 纸质
具体尺寸 纵 34.00cm，横 50.00cm
质　　量 0.052kg
完残程度 残缺

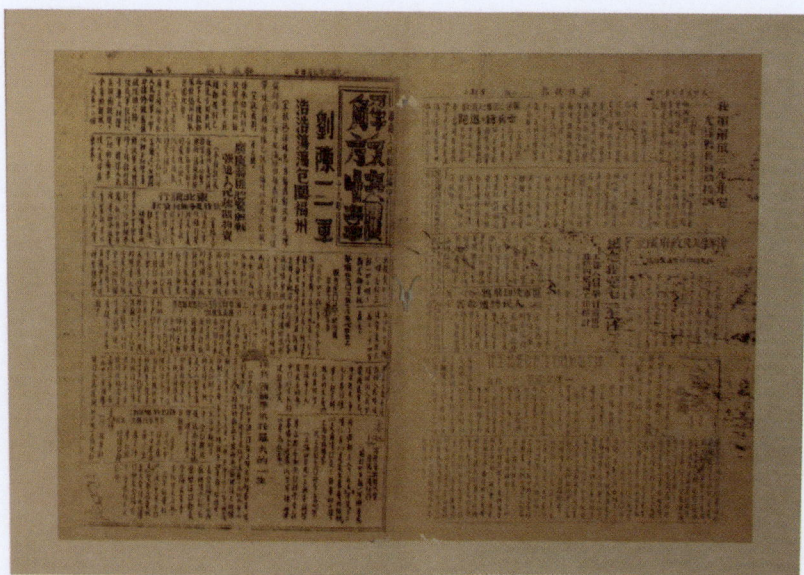

《解放快报》第十九期

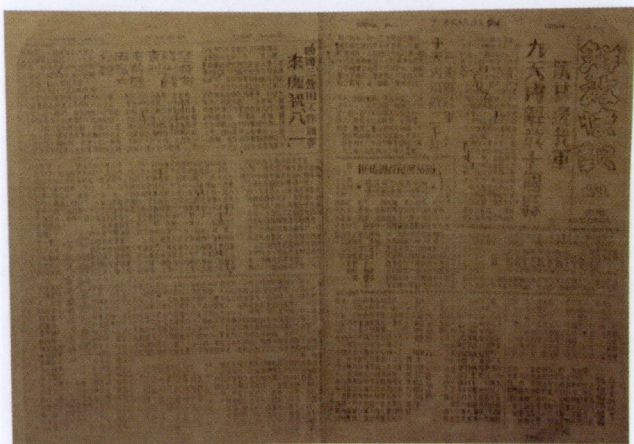

《解放快报》第二十九期

《解放快报》第三十一期

1949年7月3日中国共产党闽粤赣边区党委"关于加强情报工作的决定"

具体年代 解放战争时期(1949年7月3日)

文物类别 文件、宣传品

质 地 纸质

具体尺寸 纵26.00cm,横31.00cm

质 量 0.029kg

完残程度 基本完整

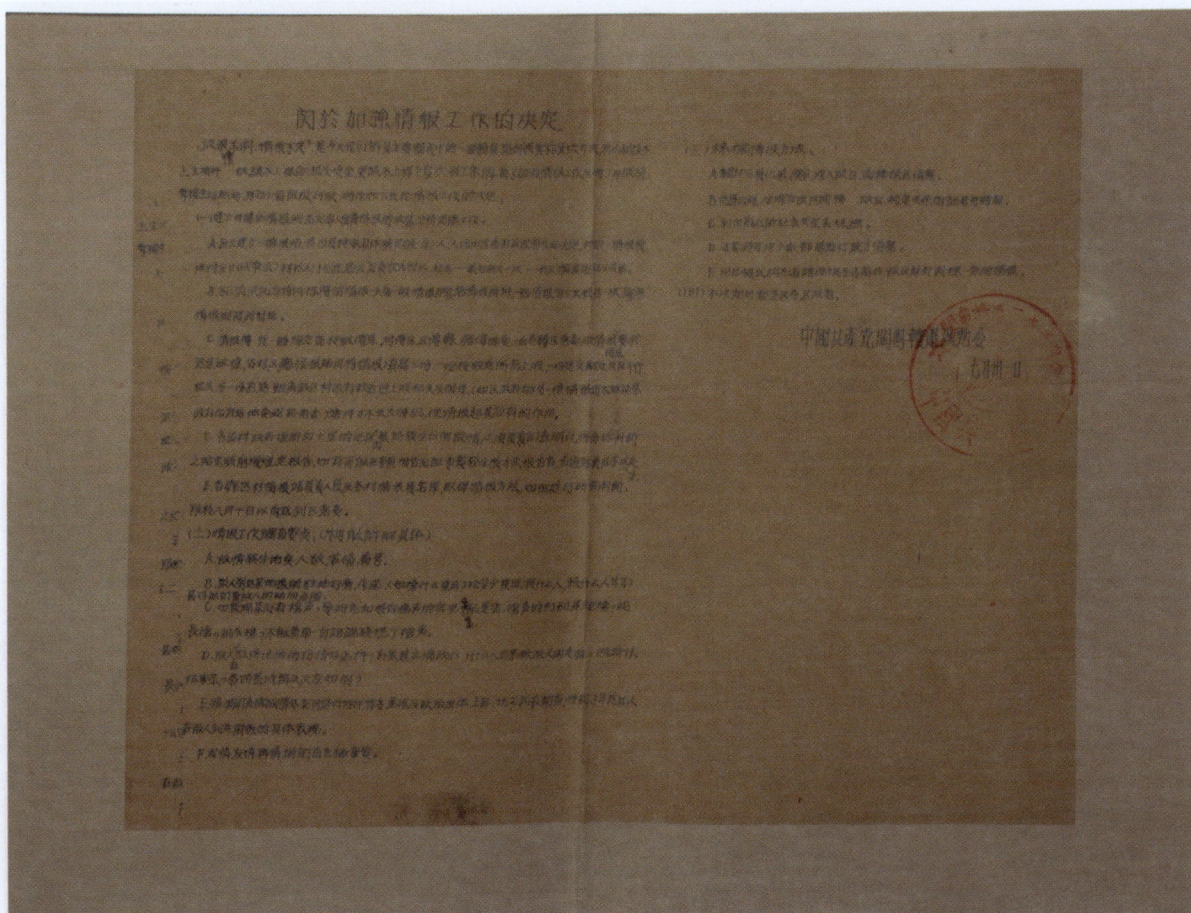

1949年7月3日中国共产党闽粤赣边区党委"关于加强情报工作的决定"

1949 年 7 月 24 日中国人民解放军闽粤赣边纵队司令部通令致闽南地委

具体年代	解放战争时期（1949 年 7 月 24 日）
文物类别	文件、宣传品
质　　地	纸质
具体尺寸	纵 22.00cm，横 15.00cm
质　　量	0.023kg
完残程度	基本完整

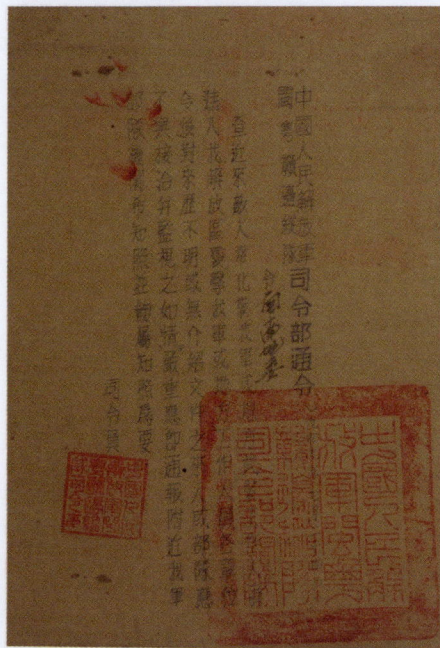

1949 年 7 月 24 日中国人民解放军闽粤赣边纵队
司令部通令致闽南地委

1949 年 8 月 1 日中国人民解放军闽粤赣边纵队司令部指令

具体年代	解放战争时期（1949 年 8 月 1 日）
文物类别	文件、宣传品
质　　地	纸质
具体尺寸	纵 27.00cm，横 21.00cm
质　　量	0.019kg
完残程度	基本完整

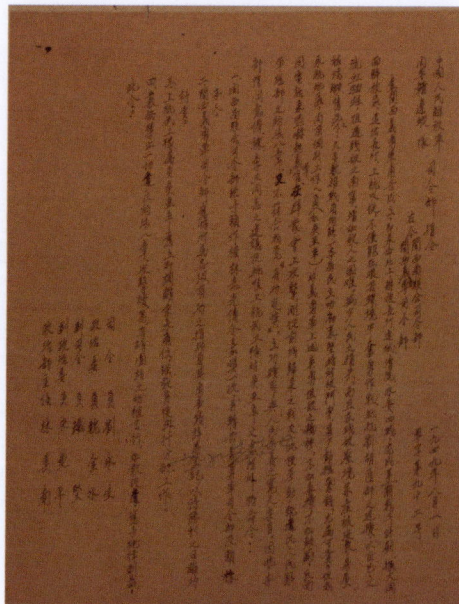

1949 年 8 月 1 日中国人民解放军闽粤赣边
纵队司令部指令

1949 年 8 月 9 日人民银行福建省行编印会计制度之一《接收伪官僚资本银行稽核工作及账务清理办法》

具体年代 解放战争时期（1949 年 8 月 9 日）

文物类别 文件、宣传品

质　　地 纸质

具体尺寸 纵 18.00cm，横 13.00cm

质　　量 0.012kg

完残程度 残缺

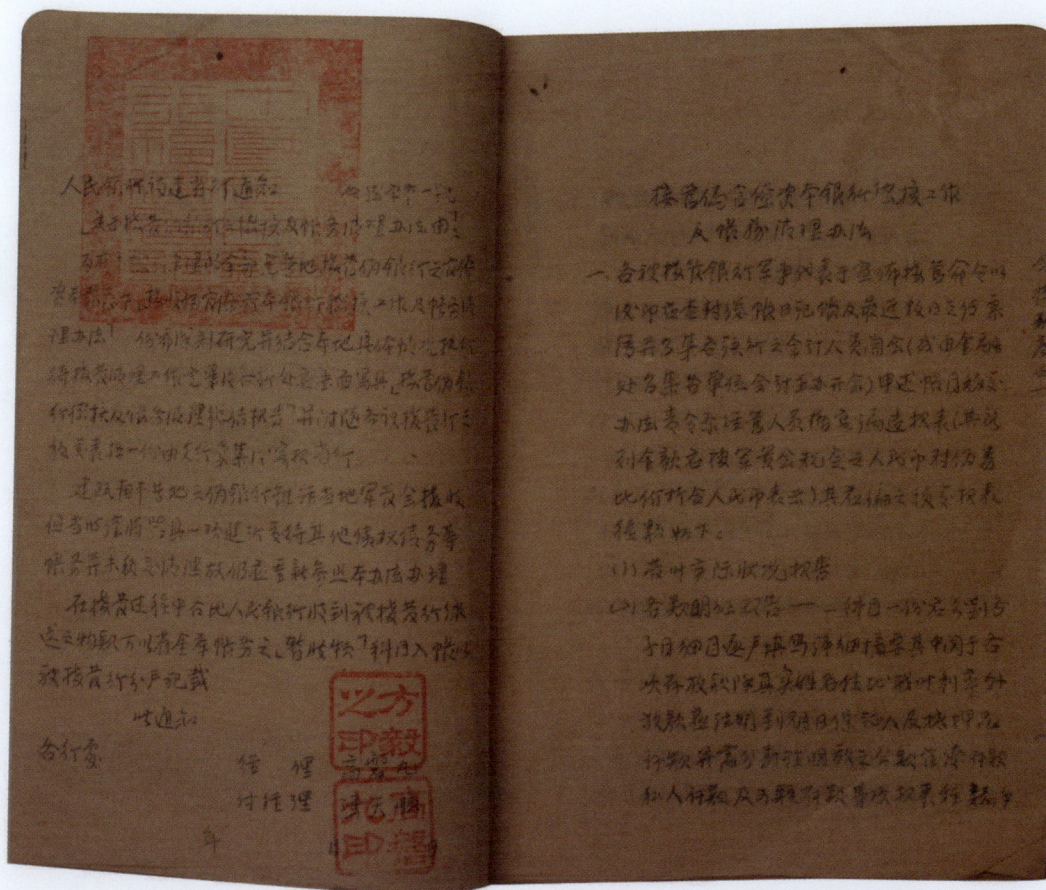

1949 年 8 月 9 日人民银行福建省行编印会计制度之一《接收伪官僚资本银行稽核工作及账务清理办法》

1949 年 8 月 10 日平和县芦溪解放以来的工作经验及区政府组织系统表手稿

具体年代 解放战争时期（1949 年 8 月 10 日）

文物类别 文件、宣传品

质　　地 纸质

具体尺寸 纵 16.00cm，横 21.00cm

质　　量 0.003kg

完残程度 残缺

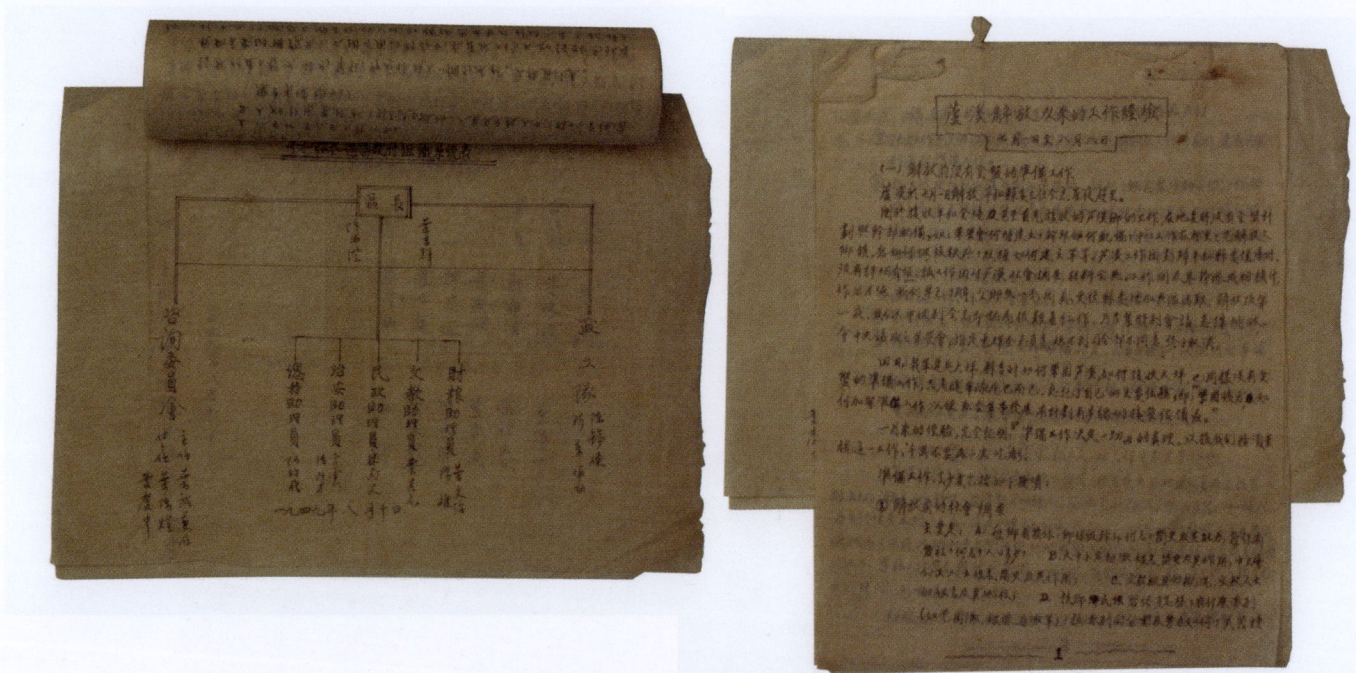

1949 年 8 月 10 日平和县芦溪解放以来的工作经验及区政府组织系统表手稿

1949年8月1日至8月18日闽粤赣边纵队秘书处"关于敌情综合报导"

具体年代 解放战争时期（1949年8月1日至8月18日）

文物类别 文件、宣传品

质　　地 纸质

具体尺寸 纵36.70cm，横24.80cm

质　　量 0.036kg

完残程度 基本完整

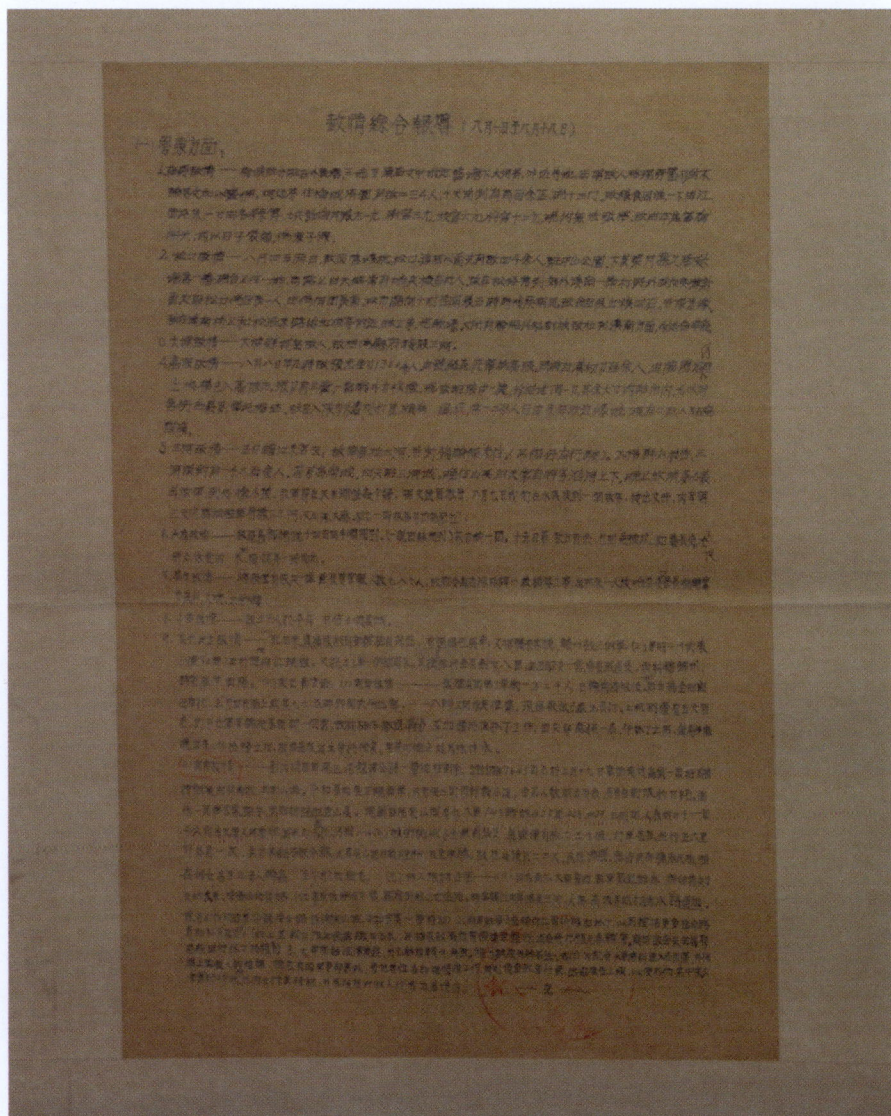

1949年8月1日至8月18日闽粤赣边纵队秘书处
"关于敌情综合报导"

1949年8月平和县第一区人民民主政府政字第二、四号布告

具体年代 解放战争时期（1949年8月）

文物类别 文件、宣传品

质　　地 纸质

具体尺寸 纵27.90cm，横18.10cm

质　　量 0.001kg

完残程度 残缺

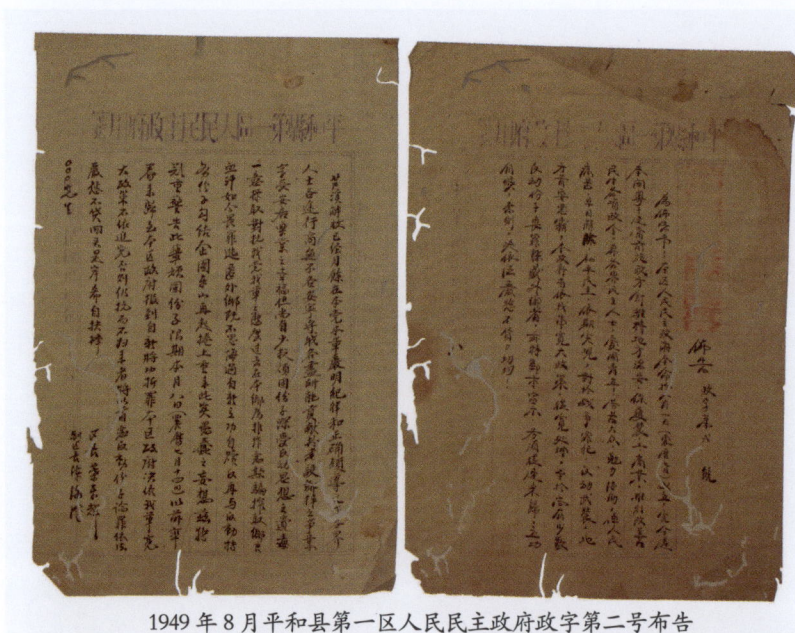

1949年8月平和县第一区人民民主政府政字第二号布告

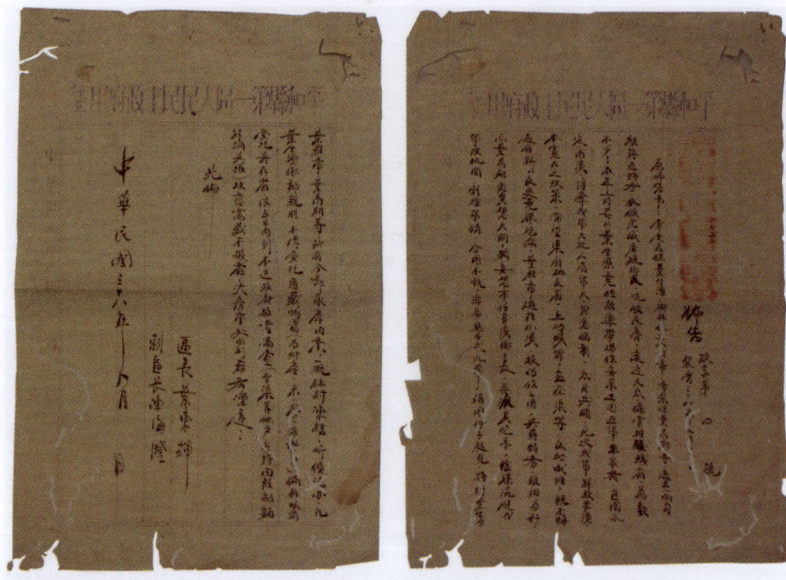

1949年8月平和县第一区人民民主政府政字第四号布告

1949年8月24日福建省人民政府总字第一号布告

具体年代 解放战争时期（1949年8月24日）

文物类别 文件、宣传品

质 地 纸质

具体尺寸 纵73.80cm，横51.00cm

质 量 0.023kg

完残程度 残缺

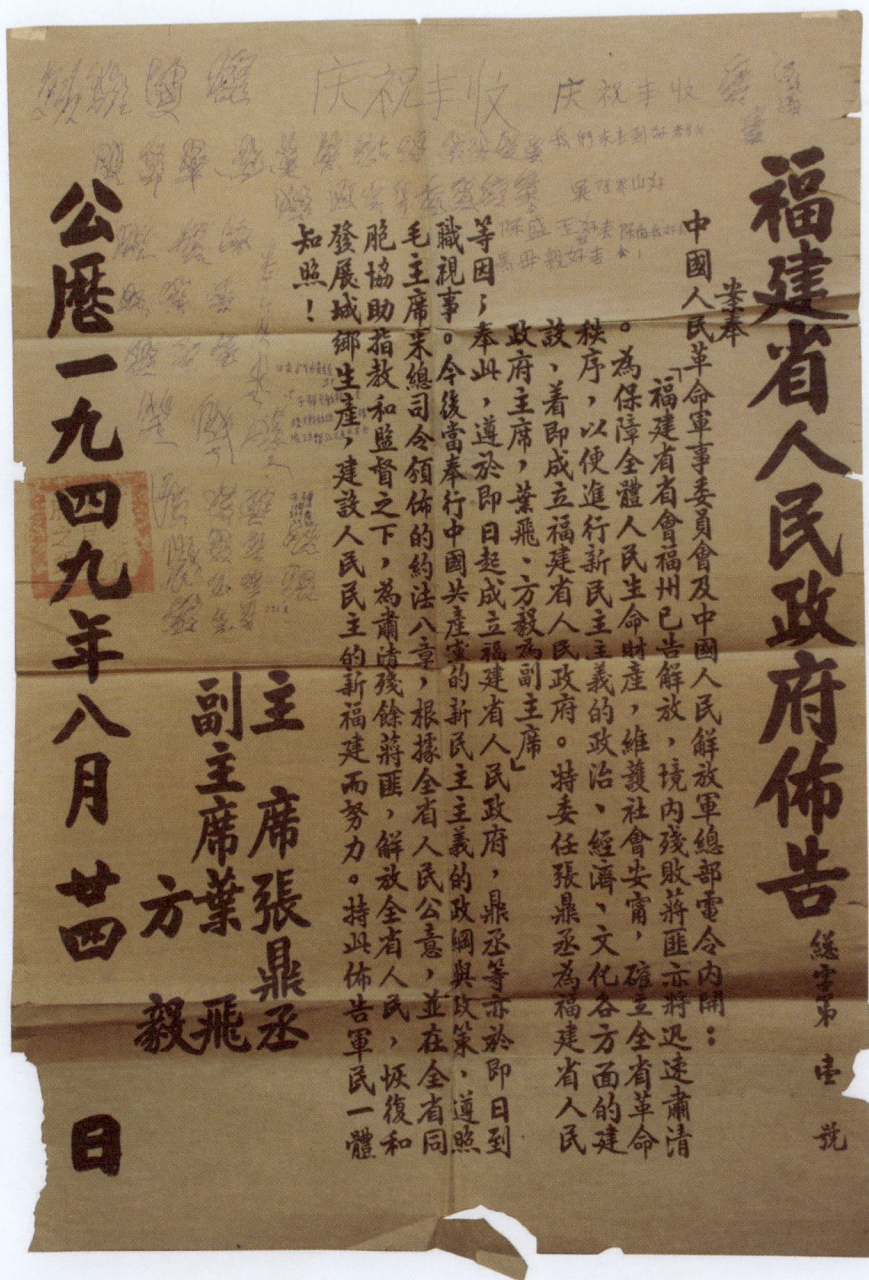

1949年8月24日福建省人民政府总字第一号布告

1949 年 8 月 31 日闽南地委"关于接收城市的指示"

具体年代 解放战争时期（1949 年 8 月 31 日）

文物类别 文件、宣传品

质　　地 纸质

具体尺寸 纵 24.00cm，横 21.00cm

质　　量 0.094kg

完残程度 基本完整

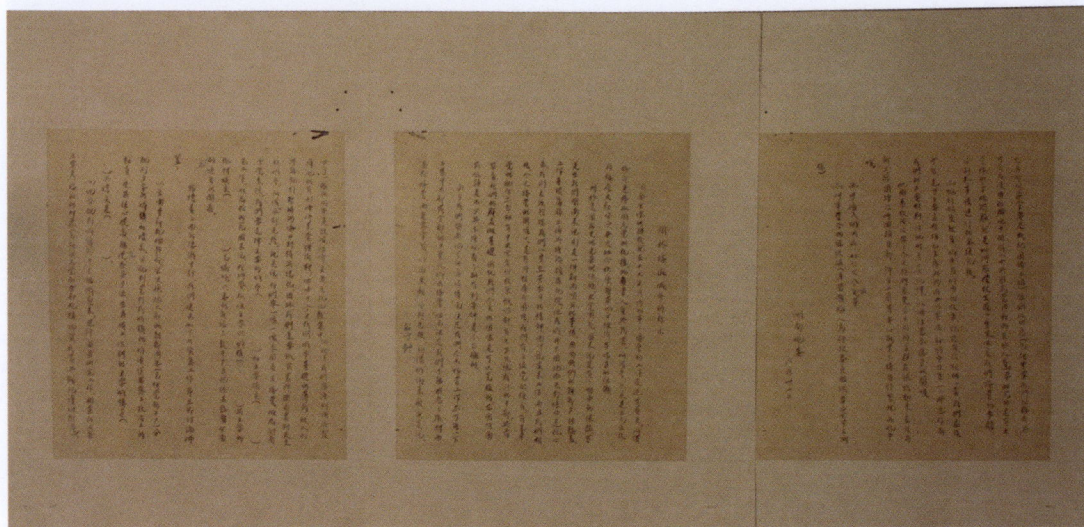

1949 年 8 月 31 日闽南地委"关于接收城市的指示"

1949 年 9 月 10 日华东区财政经济委员会秘字第一号通令

具体年代 解放战争时期（1949 年 9 月 10 日）

文物类别 文件、宣传品

质　　地 纸质

具体尺寸 纵 26.00cm，横 18.00cm

质　　量 0.003kg

完残程度 残缺

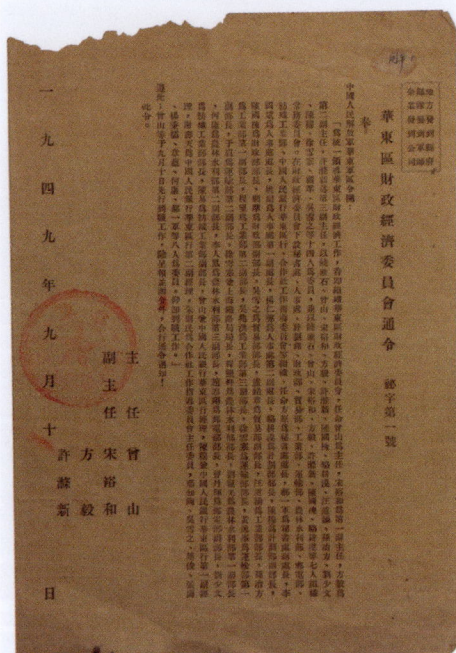

1949 年 9 月 10 日华东区财政经济委员会秘字第一号通令

1949 年 9 月 16 日闽南地委征借粮油任务指示信

具体年代 解放战争时期(1949 年 9 月 16 日)

文物类别 文件、宣传品

质　　地 纸质

具体尺寸 纵 38.00cm，横 20.00cm

质　　量 0.034kg

完残程度 基本完整

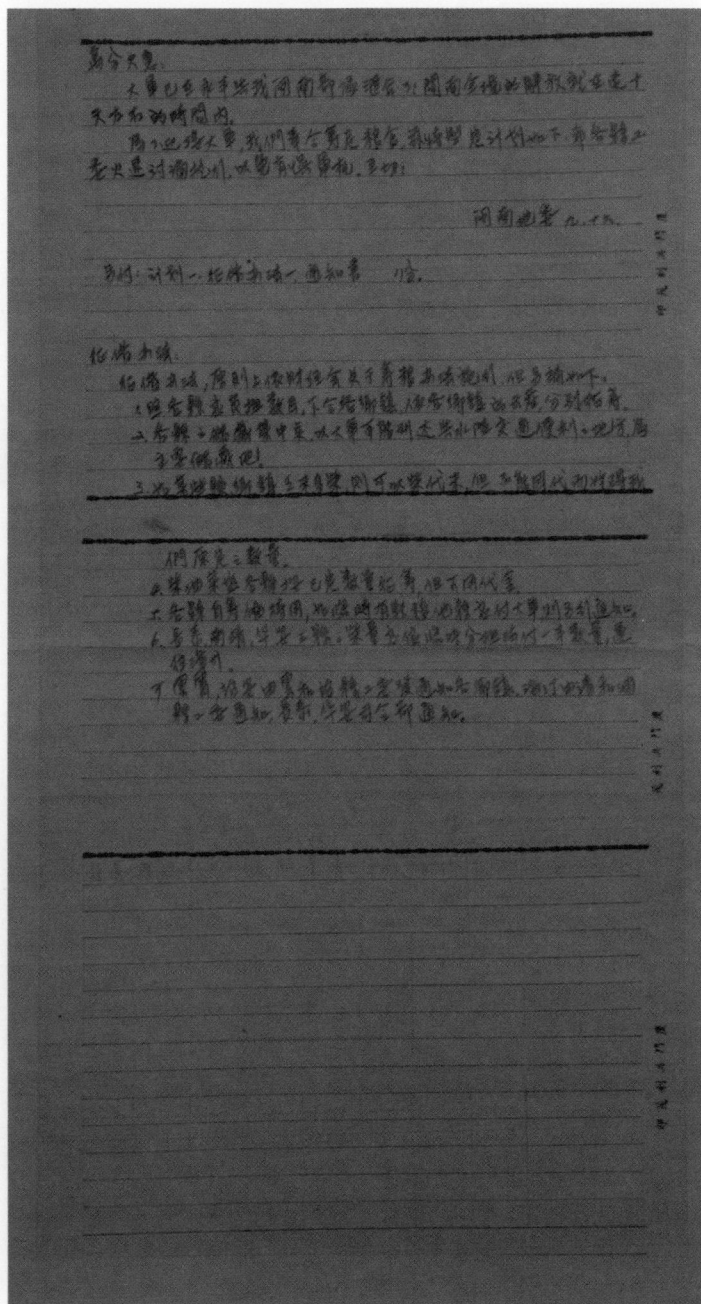

1949 年 9 月 16 日闽南地委征借粮油任务指示信

1949 年 10 月中共闽南地委
"关于党报《前哨》复刊的决定"

具体年代 解放战争时期（1949 年 10 月）

文物类别 文件、宣传品

质　　地 纸质

具体尺寸 纵 14.00cm，横 24.00cm

质　　量 0.006kg

完残程度 基本完整

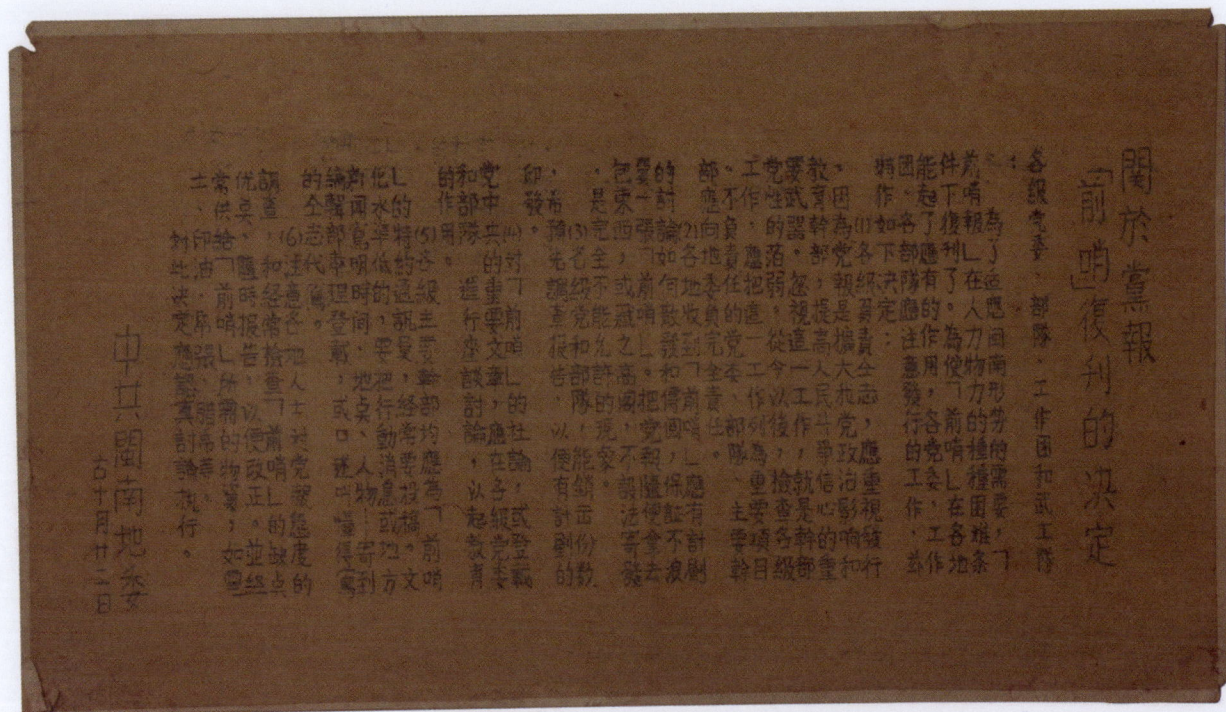

1949 年 10 月中共闽南地委"关于党报《前哨》复刊的决定"

中国人民解放军闽粤赣边纵队胸章

具体年代 抗日战争时期（1948 年）
文物类别 文件、宣传品
质　　地 棉麻纤维
具体尺寸 通宽 5.51cm
质　　量 0.002kg
完残程度 基本完整

　　胸章为棉麻纤维布料，长方形，白色泛黄。正面左上为红色套印，镰刀斧头，五角星白纹；左下为闽粤赣边纵队蓝色铭文；右边为解放铭文；背面墨印部队编制；墨书姓名"陈均"及编号"110032"。

陈均胸章

卢叨胸章

胸章正面